¡Mira! 3

Anneli McLachlan

Rojo

www.heinemann.co.uk
✓ Free online support
✓ Useful weblinks
✓ 24 hour online ordering

01865 888080

Heinemann

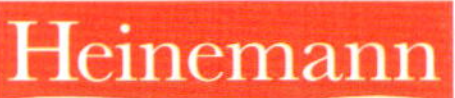

Heinemann is an imprint of Pearson Education Limited, a company incorporated in England and Wales, having its registered office at Edinburgh Gate, Harlow, Essex, CM20 2JE. Registered company number: 872828

www.heinemann.co.uk

Heinemann is a registered trademark of Pearson Education Limited

First published 2008

13 12 11 10
10 9 8 7 6 5 4 3

British Library Cataloguing in Publication Data is available from the British Library on request.

ISBN 978 0 435391 63 8

Edited by Naomi Laredo
Managing Editor: Iñaki Alegre
Designed by Ken Vail Graphic Design, Cambridge
Typeset by Ken Vail Graphic Design, Cambridge
Original illustrations © Pearson Education Limited 2008
Illustrated by Graham Cameron Illustration (David Benham), Ken Laidlaw, Sylvie Poggio Artists Agency (Adz, Mark Ruffle, Rory Walker), Young Digital Poland.
Cover photo © Robert Harding World Imagery/Marco Simoni
Printed in China (SWTC/03)

Acknowledgements
Heinemann and the author would like to thank Liliana Acosta Uribe, Clive Bell, Gillian Eades, Alex Harvey, Naomi Laredo, Christopher Lillington, Ana Machado, Lía Peinador and Iñaki Alegre. They would also like to thank Ojos de Brujo, Eroski (www.consumer.es), Alfredo Martín Hillera (electronic music, p12), Smart Set, Colegio Santa María La Real (Pamplona), Andrés Larambere, Maika Cáceres, José Manuel Ubani, Laura Osaba, Elena Alegre, Eva Alegre, Unai Sueskun, Xabi Elizalde, Ana Tirapu, Jose Mari Elizalde, Raquel Elizalde, Íñigo Chivite, Míkel Zamacona, Leyre Bardina, Eva Leoz, Amaya Guelbenzu, Daniel Fernández, Pedro Jiménez, Beatriz Manrique of Boutique Ellas, María and Laura of boutique Minx, Alomai of La Dolce Vita, José María Bazán and David Garzón of Nordqvist Productions and all those involved with the recordings for their invaluable help in the development and trialling of this course.

The author and publisher would like to thank the following individuals and organisations for permission to reproduce photographs:

Alamy/Blend Images p**31** (Susa); Alamy/Brand X Pictures pp**73** (Carmen), **82** (Diego); Alamy/David Grossman p**36** (Three Wise Men); Alamy/HEMIS p**96** (Mundaka beach); Alamy/Juan Carlos Lino p**87** (Bolivian woman); Alamy/Jupiter Images/Creatas p**24** (uniform); Alamy/Paul Kingsley p**81** (South American boy); Alamy/RubberBall Productions p**39** (female); Alamy/Sean Sprague p**80** (South American girl), Alamy/Stockbyte p**26** (dog); Alamy/Ulrich Doering p**89** (Juan); Corbis/Bettmann p**93** (Frida Kahlo); Corbis/Craig Lovell p**65** (torera); Corbis/Hubert Stadler p**107** (San Sebastián beach); Corbis/Janet Jarman p**87** (coffee producer); Corbis/Reuters p**85** (Fidel Castro); Corbis/Rose Hartman p**65** (Flamenco dancer); Corbis/Stephanie Maze p**82** (Mexico City); Digital Vision pp**50** (Jorge), **97** (plane); Dreamstime/Marco Regalia p**79** (volcano); ESA p**38** (Leopold Eyharts); Getty images/PhotoDisc pp**17** (Roberto), **115** (Carlos), **107** (Leyre); iStockPhoto.com p**79** (jungle); iStockPhoto.com/Anne Claire le Royer p**26** (flowers); iStockPhoto.com/David Mathias p**79** (mountains); iStockPhoto.com/Gordon Dixon p**26** (traffic light); iStockPhoto.com/José Carlos Pires Pereira p**79** (desert and plains); Jupiter Images/Photos.com p**25** (Ibrahim); Kobal Collection p**11** (James Bond poster); Ojos de Brujo p**21** (Ojos de Brujo); PA/AP p**92** (Diego Rivera); PA/AP/Seth Wenig p**19** (Diego Luna); PA/AP/Soeren Stache p**84** (Isabel Allende); PA/AP/Deutsche Press-Agentur (Ernesto 'Che' Guevara and Eva Perón); PA/Empics Entertainment/Jean p**18** (Pedro Almodóvar); PA/Empics Sport/Peter Robinson p**84** (Diego Maradona); Pearson Education/Ben Nicholson pp**60** (magazines, savings, mobile, videogames, CDs, DVDs, make-up, clothes, sweets), **24** (timetable); Pearson Education Ltd/Gareth Boden pp**36** (Eduardo), **115** (Letizia), **122** (Mandy), **74** (boy and girl), **47** (boy); Pearson Education/Tudor Photography p**57** (Cola Cao); Rex Features/Jim Smeal p**18** (Gael G. Bernal); Rex Features/SIPA Press pp**18** (Penélope Cruz), **19** (Maribel Verdú), **79** (river); Robert Harding World Imagery/Michael Jenner p**96** (Bermeo Harbour). All other photographs were provided by Gareth Bodeu, Ben Nicholson, Jules Selmes and Pearson Education Ltd.

Every effort has been made to contact copyright holders of material reproduced in this book. Any omissions will be rectified in subsequent printings if notice is given to the publishers.

Contenidos

En la clase

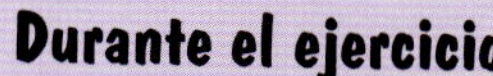

During a task

I don't understand this.
What do I have to do?
You have to …
I need a dictionary.
This is (very) interesting.
This is (a bit) boring.
I need a tissue.
I need a pen/pencil.

Durante el ejercicio

No lo entiendo.
¿Qué hay que hacer?
Hay que …
Necesito un diccionario.
Esto es (muy) interesante.
Esto es (un poco) aburrido.
Necesito un pañuelo.
Necesito un boli/lápiz.

After a task

I've finished.
I haven't finished.
It was (very) difficult.
It was (quite) easy.
Can I go to the toilet?
I got everything right.
I made three mistakes.
What is the answer to number three?

Después del ejercicio

Ya he terminado.
Todavía no he terminado.
Era (muy) difícil.
Era (bastante) fácil.
¿Puedo ir al baño?
Tengo todo bien.
Cometí tres errores.
¿Cuál es la respuesta para el número tres?

Listening and reading

I understood everything.
I didn't understand anything.
Can we repeat number 4?
It is interesting.
It is boring.
It is too fast.
It is too long.

Escuchar y leer

Entendí todo.
No entendí nada.
¿Podemos repetir el número cuatro?
Es interesante.
Es aburrido.
Va demasiado rápido.
Es demasiado largo.

Speaking and writing

How do you spell …?
How do you say … in Spanish?
How do you pronounce this word?
I agree with you.
I don't agree with you.
Can you repeat the question?
Sorry, I don't know the answer.

Hablar y escribir

¿Cómo se escribe …?
¿Cómo se dice … en español?
¿Cómo se pronuncia esta palabra?
Estoy de acuerdo contigo.
No estoy de acuerdo contigo.
¿Puedes repetir la pregunta?
Lo siento, no sé la respuesta.

Los medios de comunicación 1

1 Mi ordenador

- Talking about what you use computers for
- Practising the present tense

escuchar **1** **Escucha y escribe la letra correcta y la frecuencia. (1–8)**

Ejemplo: **1** c – todos los días

¿Qué haces con tu ordenador?

www.miespacio.es/Mariela

a *Leo y escribo correos.*

b *Descargo música.*

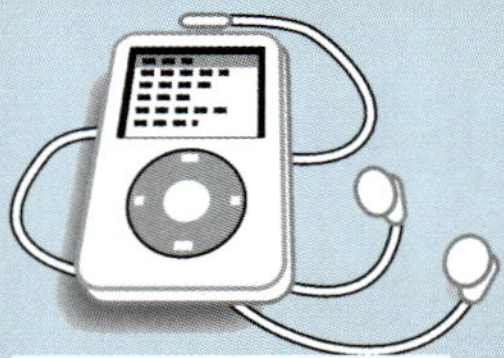

c *Navego por internet.*

d *Juego.*

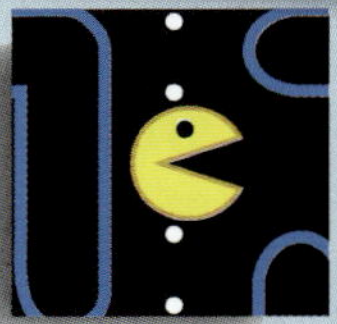

e *Chateo.*

f *Hago mis deberes.*

g *Veo DVDs.*

h *Compro regalos.*

escuchar **2** **Escucha. Escribe las actividades y la frecuencia. (1–4)**

Ejemplo: **1** Chateo todos los días. …

hablar **3** **Con tu compañero/a, pregunta y contesta. Utiliza las expresiones de frecuencia.**

- ● ¿Qué haces con tu ordenador? ¿Descargas música?
- ■ Sí, descargo música todos los días.
- ● ¿Y compras regalos?
- ■ …

todos los días
dos veces a la semana
por las tardes
tres horas al día
de vez en cuando
los fines de semana
a veces
nunca

¿Descargas música?
¿Compras regalos?
¿Chateas?
¿Navegas por internet?
¿Haces tus deberes?
¿Juegas?
¿Ves DVDs?
¿Lees y escribes correos?

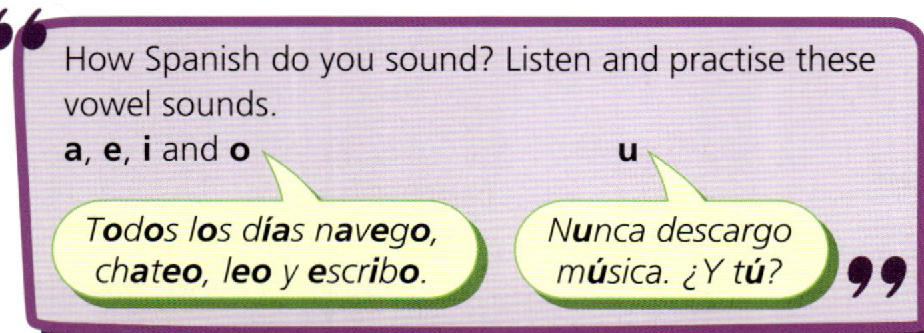

Gramática

	-ar verbs **comprar** *(to buy)*	**-er** verbs **leer** *(to read)*	**-ir** verbs **escribir** *(to write)*
(I)	compr**o**	le**o**	escrib**o**
(you sing.)	compr**as**	le**es**	escrib**es**
(he/she)	compr**a**	le**e**	escrib**e**
(we)	compr**amos**	le**emos**	escrib**imos**
(you pl.)	compr**áis**	le**éis**	escrib**ís**
(they)	compr**an**	le**en**	escrib**en**

Some verbs change their stem: j**ue**go (jugar *to play*), pref**ie**ro (preferir *to prefer*).

Some verbs have an irregular 'I' form in the present tense: ha**g**o (hacer *to do*), v**e**o (ver *to see*), ten**g**o (tener *to have*).

Para saber más **página 127–8; ej. 5, 6**

4 Lee el texto. Copia y completa la tabla con los verbos subrayados.

Verb	Meaning	Verb group (reg. (-ar/-er/-ir)/irreg./stem-changing)
juego	I play	stem-changing

¡Hola! ¿Qué tal? Me llamo Jorge el Geek. Me encanta la tecnología, y por eso juego mucho con mi ordenador. Los fines de semana no salgo. Prefiero jugar en *Second Site* que es un juego virtual genial. Leo y escribo correos. También hablo mucho con mis amigos. Chateo dos o tres horas al día. Cuando hago mis deberes, siempre trabajo con mi ordenador. Navego por internet un poco y leo la *Wikipedia*. También descargo música de Michael Jackson y veo DVDs. Mis DVDs favoritos son los de Indiana Jones. De vez en cuando compro videojuegos por internet pero en este momento no tengo mucho dinero. ¡Qué lástima!

5 Lee el texto del ejercicio 4 otra vez. ¿Verdadero (V), falso (F) o no se menciona (NM)?

Ejemplo: **1** F

1 A Jorge no le gusta la tecnología.
2 Juega un poco con su ordenador.
3 Los fines de semana sale con sus amigos.
4 No habla mucho con sus amigos.
5 Nunca navega por internet.
6 Dibuja con su ordenador.
7 Descarga música y ve DVDs.
8 A veces compra videojuegos por internet.

6 Escribe un párrafo sobre la tecnología.

- *Use the exercise 4 text as a model.*
- *Say what you use your computer for.*
- *Include frequency expressions.*
- *Express opinions and preferences, e.g.* Prefiero jugar en … Mis DVDs favoritos son …
- *Use connectives, including* **cuando**, **porque** *and* **por eso**

2 La televisión

- Talking about television programmes
- Giving opinions using adjectives

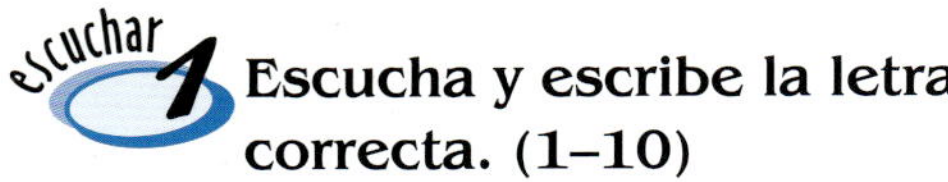

1 Escucha y escribe la letra correcta. (1–10)

¿Cuál es tu programa favorito?

Mi programa favorito se llama … Es un/una …

a

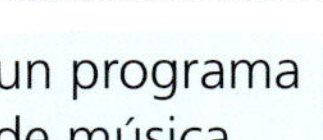
un programa de música

b

un programa de deporte

c

un programa de tele-realidad

d

un concurso

e

un documental

f

una comedia

g

una serie de policías

h

una telenovela

i

el telediario

j

el tiempo

2 Escucha otra vez. ¿Cómo se llaman los programas? Escribe la letra correcta.

***Ejemplo:* 1** b

a

b Territorio champions

c Andalucía es su nombre

d
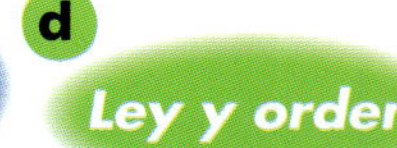

e

f El tiempo hoy

g Músicauno

h Gran Hermano

i ¿Quién quiere ser millonario?

j Yo soy Bea

3 Con tu compañero/a, haz diálogos cambiando los datos subrayados.

- ¿Cuál es tu programa favorito?
- Mi programa favorito se llama <u>EastEnders</u>. Es <u>una telenovela</u>.
- ¿Por qué te gusta?
- Porque es muy <u>interesante</u> y bastante <u>emocionante</u>.

guay
emocionante
divertido/a
interesante
educativo/a
informativo/a

¿por qué? = *why?*
porque = *because*

4 **Lee el texto. Copia y rellena la tabla.**

Programa mencionado	Opinión: positiva ☺ o negativa ☹	Razón
los programas de deporte	☺	emocionantes

Me gustan mucho los programas de deporte porque son emocionantes. También me gustan las comedias. Son muy divertidas. Mi programa favorito se llama *Little Britain*. Y me encantan los documentales porque son interesantes y también educativos. Pero no me gustan nada los programas de tele-realidad porque no son educativos y son aburridos. Odio las series de policías, son tontas. ¡Qué aburridas! Prefiero los concursos porque son informativos.

Me gustan Me encantan Me interesan No me gustan Odio Prefiero	los programas de … los concursos los documentales las comedias las series de policías las telenovelas	porque son	emocionantes divertidos/as interesantes educativos/as informativos/as aburridos/as malos/as tontos/as

5 **Escribe ocho frases.**

Ejemplo: Me encantan las telenovelas porque son emocionantes y divertidas.

6 **Escucha y lee.**

TVE 1

TARDE

3:00 Reptiles. Documental
4:00 Piel de otoño. Telenovela
5:05 Deportes – la revista. Programa de deporte
6:10 Supermodelo. Programa de tele-realidad
8:00 Telediario

La 2

TARDE

3:00 El tiempo
3:05 ¿Quién quiere ser millonario? Concurso
4:00 Música, música
5:00 Yo soy Bea. Telenovela
6:00 Aladina. Comedia
8:00 Ley y orden. Serie de policías

¿Qué ponen? = *What's on?*

- ¿Qué vamos a ver esta tarde?
- ¿Qué ponen?
- A ver, hay *Reptiles*.
- ¿Qué es?
- Es un documental.
- Ah, no. No me gustan nada los documentales. Son aburridos.
- Vale. Ponen un concurso. ¿Te gustan los concursos?
- Ah, sí. Me gustan muchísimo los concursos porque son interesantes y divertidos.
- ¡Genial!

Use expressions like these to give your Spanish the edge: **a ver** *(well)*, **vale** *(OK)*, **¡ah, sí!** *(oh yes!)*, **me gustan muchísimo** *(I really like them)*.

7 **Con tu compañero/a, haz un diálogo planeando los programas a ver utilizando el diálogo del ejercicio 6 como modelo.**

3 Las películas

- Comparing films
- Using the near future tense

Escucha y escribe la letra correcta y la opinión. (1–9)

Ejemplo: **1** b 

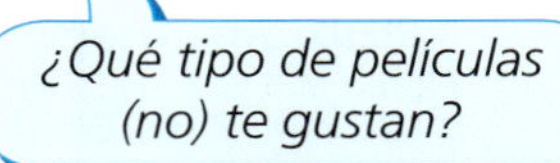

las películas de amor

las películas de acción

las películas de terror

las películas de ciencia-ficción

las películas de guerra

las películas del Oeste

las películas de artes marciales

las comedias

los dibujos animados

Gramática

Comparatives

más + adjective + **que** *more … than*
menos + adjective + **que** *less … than*

mejor (singular)/**mejores** (plural) = *better*
peor (singular)/**peores** (plural) = *worse*

Para saber más **página 126; ej. 3**

Escucha y lee. Escribe las frases en inglés. (1–6)

Ejemplo: **1** Horror films are more exciting than romantic films.

1 Las películas de terror son más emocionantes que las películas de amor.
2 Los dibujos animados son menos interesantes que las películas de ciencia-ficción.
3 Las películas de guerra son más educativas que las películas de artes marciales.
4 No me gustan las pelis de amor. Prefiero las de terror porque son más divertidas.
5 No me gustan los dibujos animados. Son tontos. Las comedias son mejores.
6 Odio las pelis de acción porque son aburridas. Son peores que las pelis de guerra.

Con tu compañero/a, haz diálogos cambiando los datos subrayados.

- ¿Qué tipo de películas te gustan?
- Me gustan (muchísimo) las películas de ciencia-ficción.
- ¿Qué tipo de películas no te gustan?
- No me gustan (nada) las películas del Oeste.
- ¿Por qué prefieres las películas de ciencia-ficción?
- A ver … porque son más interesantes que las películas del Oeste.

Remember adjectives must agree with the noun they describe.

4 Escucha y lee. Contesta a las preguntas en inglés.

¡Hola Pili! ¿Qué tal? Yo estoy bien. 

Voy a salir esta tarde. Voy a ir al cine con mi hermana. Vamos a ver una comedia que se llama *Loco por Gina*. Creo que va a ser muy divertida. Me gustan mucho las comedias. También me gustan las películas de acción, pero odio las películas del Oeste. Son peores que las películas de ciencia-ficción.

Me encantan las películas de acción porque son emocionantes, mucho más emocionantes que los dibujos animados o las películas de amor. Este fin de semana voy a ver la nueva película de James Bond. Daniel Craig es mi actor favorito. ¡Qué guapo es! ¿Vas a ir al cine este fin de semana, Pili? ¿Qué tipo de película vas a ver?

¡Hasta luego! Ana

1 When is Ana going to go out?
2 Who is she going out with?
3 What type of film is she going to see?
4 What does she think it will be like?
5 What does she think of Westerns?
6 Why does she like action films?
7 Which film is she seeing this weekend?
8 What does she ask Pili?

5 Con tu compañero/a, haz preguntas y contesta por Ana.

- ¿Qué vas a hacer esta tarde?
- ¿Qué tipo de película vas a ver?
- ¿Por qué vas a ver esta película?
- ¿Qué vas a hacer este fin de semana?

6 Describe tus planes para ir al cine utilizando el texto del ejercicio 4 como modelo.

- *Say where you are going, when and with whom.*
- *Include opinions and comparisons, using* **más ... que** *and* **menos ... que**.
- *Use connectives such as* **y**, **pero**, **o** *and* **también**.

Gramática

The near future tense

ir *(to go)* + **a** + infinitive

(yo)	voy a	hacer
(tú)	vas a	ir
(él/ella)	va a	ver
(nosotros/as)	vamos a	...
(vosotros/as)	vais a	
(ellos/ellas)	van a	

Para saber más página 130; ej.13

Mini-test

I can
- say what I use computers for
- say how often I do things
- talk about television programmes and films
- give opinions and reasons
- G use comparatives
- G use the present and near future tenses

4 La música

- Talking about different types of music
- Practising the preterite

1 Escucha la música y escribe la letra del CD correspondiente. (1–8)

a
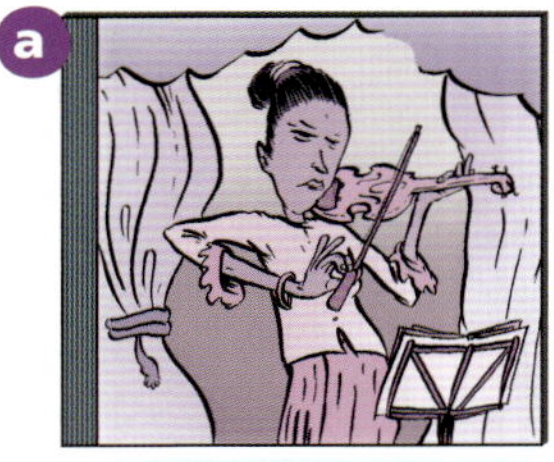
la música clásica

b

la música latina

c

la música electrónica

d

la música pop

e

la música de los años sesenta

f

el rock

g

el rap

h

el jazz

2 Escucha y escribe la música y la opinión. (1–6)

***Ejemplo:* 1**  rock
música clásica

> **soler**
> **suelo** + infinitive = ***I usually*** *do something*
>
> Suelo escuchar rock. — *I usually listen to rock.*
> Suelo ir al cine. — *I usually go to the cinema.*

3 Con tu compañero/a, pregunta y contesta.

- ¿Qué tipo de música sueles escuchar?
- Suelo escuchar … A veces escucho … Nunca escucho …

4 Escucha y escribe el nombre correcto. (1–4)

Paca

Jaime

Liliana

Mercedes

Alejandro

> bailé
> bebí
> canté
> comí
> compré
> descargué
> escuché
> fui
> salí
> lo pasé

Gramática

The preterite

	-*ar* verbs **escuchar** (*to listen*) (*listened*)	-*er* verbs **comer** (*to eat*) (*ate*)	-*ir* verbs **salir** (*to go out*) (*went out*)	Irregular verbs **ser/ir** (*to be/to go*) (*was, were/went*)
(yo)	escuch**é**	com**í**	sal**í**	fui
(tú)	escuch**aste**	com**iste**	sal**iste**	fuiste
(él/ella)	escuch**ó**	com**ió**	sal**ió**	fue
(nosotros/as)	escuch**amos**	com**imos**	sal**imos**	fuimos
(vosotros/as)	escuch**asteis**	com**isteis**	sal**isteis**	fuisteis
(ellos/as)	escuch**aron**	com**ieron**	sal**ieron**	fueron

Para saber más página 129–130; ej. 10, 11, 12

Lee los textos. Copia y rellena la tabla.

Who?	When?	What?	Other details
Dolores	last weekend	concert in Madrid restaurant	it was great ...

ayer
anteayer
el viernes pasado
la semana pasada
el fin de semana pasado

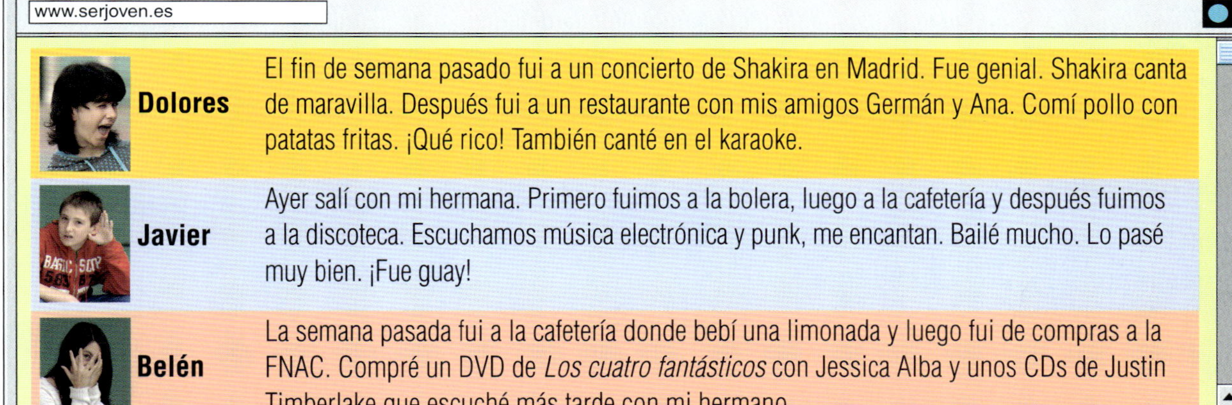
www.serjoven.es

Dolores El fin de semana pasado fui a un concierto de Shakira en Madrid. Fue genial. Shakira canta de maravilla. Después fui a un restaurante con mis amigos Germán y Ana. Comí pollo con patatas fritas. ¡Qué rico! También canté en el karaoke.

Javier Ayer salí con mi hermana. Primero fuimos a la bolera, luego a la cafetería y después fuimos a la discoteca. Escuchamos música electrónica y punk, me encantan. Bailé mucho. Lo pasé muy bien. ¡Fue guay!

Belén La semana pasada fui a la cafetería donde bebí una limonada y luego fui de compras a la FNAC. Compré un DVD de *Los cuatro fantásticos* con Jessica Alba y unos CDs de Justin Timberlake que escuché más tarde con mi hermano.

Con tu compañero/a, habla del fin de semana pasado.

- ¿Qué hiciste el fin de semana pasado?
- Primero fui …, luego comí … y después escuché …

a 

b 

c 

escribir **7 Describe el fin de semana pasado. Elige unas actividades del ejercicio 6.**

Ejemplo: El sábado pasado … Primero … Luego …, después
El domingo …

5 Fui al cine

- Describing what a film is about
- Using the present tense and preterite together

1 Escucha y lee.

- ¿Qué hiciste el fin de semana pasado?
- El sábado por la tarde fui al cine.
- ¿Qué película viste?
- Vi *El niño fantasma*.
- ¿Qué tipo de película es?
- Es una película de terror.
- ¿De qué trata?
- Trata de un niño que desaparece.
- ¿Te gustó?
- Sí. Me gustó. Es interesante.

¿Te gustó? = *Did you like it?*

2 Escucha. Copia y rellena la tabla. (1–4)

	Título	Tipo de película	Trata de …
1	Trek	ciencia-ficción	el Big Bang

Su Su hace judo
Pepito
Trek
María Antonieta
Los animales van a ganar

unos animales muy inteligentes
una reina francesa
una chica que hace artes marciales
un perro que canta con un grupo
el Big Bang

Gramática

The preterite: *hacer* and *ver*

	hacer	**ver**
	(to do/make)	*(to see)*
	(did/made)	*(saw)*
(yo)	hice	vi
(tú)	hiciste	viste
(él/ella)	hi**z**o	vio
(nosotros/as)	hicimos	vimos
(vosotros/as)	hicisteis	visteis
(ellos/ellas)	hicieron	vieron

The preterite of **me gusta** is **me gustó** *(I liked)*.

que = *which, that, who*

Es una peli **que** trata de … *It's a film (**which** is) about …*
… un perro **que** canta. *… a dog **that** sings.*

3 Con tu compañero/a, haz diálogos cambiando las frases subrayadas del diálogo del ejercicio 1.

Incorporate these expressions into your dialogues to make your Spanish sound sophisticated:

¡Me gustó muchísimo!
¡Es superinteresante!
¡Claro que me gustó!
¡No, no me gustó nada!

escuchar 4 Escucha y lee. ¿Quién es?

www.miblog.es

Voy a hablar un poco de mi tiempo libre. Escucho música con mi hermana todo el tiempo. Escuchamos rock auténtico, Jimi Hendrix es nuestro héroe, y también nos gusta la música clásica. Veo DVDs dos o tres veces a la semana en casa, pero prefiero salir. Suelo ir al cine una vez a la semana. Me encantan las películas de terror porque son divertidas, sobre todo las pelis de zombis. También me gustan las películas de artes marciales. Mi actor favorito es Stephen Chow.

Ayer fui al cine y vi *Los Gemelos*. Me gustó porque es muy emocionante. Después de la película fui a la cafetería con mi hermano, escuchamos música y comimos una hamburguesa enorme. ¡Riquísima!

Camila *Me gustan las películas de terror y las películas de artes marciales. No me gustan las hamburguesas.*

Me gustan las películas de terror y las películas de artes marciales. También me gustan las hamburguesas. ***Isabel***

leer 5 Lee el texto otra vez. Escribe las frases correctamente. Luego tradúcelas al inglés.

1 Escucha música **a veces / todo el tiempo / una vez a la semana**.
2 Ve DVDs **en la piscina / en casa / en el instituto**.
3 Suele ir al cine **una vez / dos veces / tres veces** a la semana.
4 Le gustó la película porque es muy **informativa / educativa / emocionante**.
5 Después de la película fue a la cafetería con **su hermano / su hermana / sus hermanos**.

Look carefully at verb endings to check whether they are in the present or the preterite.

	-ar	-er	-ir
Present	escuch**o** *(I listen)*	com**o** *(I eat)*	escrib**o** *(I write)*
Preterite	escuch**é** *(I listened)*	com**í** *(I ate)*	escrib**í** *(I wrote)*

The **nosotros/as** form of regular **-ar** and **-ir** verbs is the same in the present and the preterite. Use context or time expressions to work out which is meant.

Escuchamos música todos los días. *We listen to music every day.*
Ayer escuchamos música. *Yesterday we listened to music.*

escribir 6 Escribe un blog donde hablas de tus pasatiempos y luego de una película que viste ayer.

Normalmente
Escucho ... También ...
Me gusta ... Suelo ...

Ayer
Vi ...
(No) Me gustó porque (no) es ...
Después fui ...

Resumen

Unidad 1

I can

■ *talk about what I use my computer for*	Leo y escribo correos. Descargo música.
■ *ask someone what they do with their computer*	¿Qué haces con tu ordenador?
■ *use frequency expressions*	todos los días, tres horas al día, de vez en cuando
■ *use* **cuando**, **porque** *and* **por eso**	Cuando veo DVDs como patatas fritas.
G *use the present tense of different types of verbs*	**Navego** por internet. ¿**Lees** y **escribes** correos?

Unidad 2

I can

■ *name types of television programmes*	un concurso, un programa de deporte, el tiempo
■ *ask someone about their favourite TV programme*	¿Cuál es tu programa favorito?
■ *talk about my favourite programme*	Mi programa favorito se llama EastEnders. Es una telenovela.
G *use the correct endings on nouns, verbs and adjectives*	No me gust**a el** telediario porque **es** aburrid**o**. Me gust**an** los concurs**os** porque **son** divertid**os**.

Unidad 3

I can

■ *name different types of films*	las películas de guerra, las películas de amor
■ *ask someone what sort of films they like*	¿Qué tipo de películas te gustan?
G *use comparatives*	Las películas de terror son **más** emocionantes y **menos** aburridas **que** las películas de amor.
G *use the near future tense*	Este fin de semana voy a ir al cine con mis amigos

Unidad 4

I can

■ *say what type of music I usually listen to*	Suelo escuchar rap. Nunca escucho rock.
■ *ask someone what type of music they usually listen to*	¿Qué tipo de música sueles escuchar?
■ *describe what I did recently*	El fin de semana pasado fui a un concierto de jaz
■ *use past time expressions*	ayer, anteayer, el viernes pasado
G *use the preterite (simple past tense)*	Ayer salí con mi hermana. Fuimos a la discoteca.

Unidad 5

I can

■ *describe what a film is about*	Es una película de terror **que** trata de un niño **que** desaparece.
■ *say what I thought of a film*	No me gustó porque es aburrido.
G *use the preterite of* **hacer** *and* **ver**	¿Qué hiciste el fin de semana pasado? ¿Qué película viste? Vi *El niño fantasma*.
G *use the present tense and preterite together*	Me encantan las películas de terror porque son divertidas. Ayer fui al cine y vi *Los Gemelos*.

1 Escucha. Copia y rellena la tabla.

	Tipo de música	Opinión	Otros datos
Nuria	música clásica música electrónica	 +	la semana pasada concierto interesante
Miguel			
Ana			
Javi			

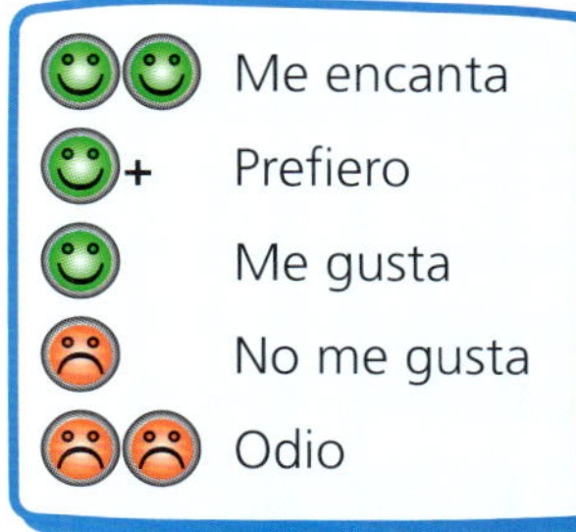

2 Con tu compañero/a, pregunta y contesta.

- ¿Qué haces con tu ordenador?
- ¿Qué tipo de música sueles escuchar?
- ¿Qué tipo de películas te gustan? ¿Por qué?
- ¿Cuál es tu programa favorito? ¿Por qué?

3 Lee el texto y elige la palabra correcta.

***Ejemplo:* 1** mejor

¿Cuál es mi programa favorito? A ver, me gustan mucho los concursos de la televisión. Me gusta *¿Quién quiere ser millonario?* pero *Aquí se gana* es mejor. También me gustan los programas de tele-realidad porque son más divertidos que las telenovelas. Esta tarde voy a ver *Gran Hermano* y mañana voy a ir al cine con mis amigos. Vamos a ver una película de artes marciales. Me gustan las películas de artes marciales porque son divertidas y son más emocionantes que las películas del Oeste.

Roberto

Roberto opina que …

1. *Aquí se gana* es **mejor / peor** que *¿Quién quiere ser millonario?*
2. *¿Quién quiere ser millonario?* es **mejor / peor** que *Aquí se gana.*
3. Los programas de tele-realidad son **más / menos** aburridos que las telenovelas.
4. Las telenovelas son **más / menos** divertidas que los programas de tele-realidad.
5. Las películas de artes marciales son **más / menos** emocionantes que las películas del Oeste.

4 ¿Qué haces en tu tiempo libre? ¿Qué hiciste el fin de semana pasado? Escribe un párrafo.

¡Extra! 1

- Learning about famous people
- Giving an oral presentation

1 Escucha y lee. Contesta a las preguntas en inglés.

Pedro Almodóvar Caballero es un director español muy original e importante. Nació el 24 de septiembre de 1949 en Ciudad Real. Sus películas son emocionantes y por lo general muy divertidas.

Pedro habla español y un poco de inglés. Le gusta la música, el cine y el teatro. Le gusta mucho cantar y tocar la guitarra. No le gusta nada la hipocresía.

En el futuro Pedro no quiere rodar en Hollywood, pero quizás va a hacer una película en inglés …

Filmografía

2006 Volver
2002 Hable con ella
1999 Todo sobre mi madre

Gael García Bernal es un actor mexicano excepcional y muy guapo. Nació el 30 de noviembre de 1978 en Guadalajara. Habla español, inglés, francés e italiano.

A Gael le gusta leer y bailar salsa, pero el fútbol es su pasión. No le gustan nada las preguntas sobre su vida privada. En este momento está soltero, pero Gael dice que va a buscar el amor de su vida.

Filmografía

2006 Babel
2004 Diarios de motocicleta
2001 Y tu mamá también
2000 Amores perros

rodar = *to shoot a film*
soltero = *single*

Penélope Cruz, 'Pe' para los amigos, nació en Madrid el 28 de abril de 1974. Actúa en comedias, películas de amor, películas de acción – es una actriz fenomenal.

A Penélope le gusta el chocolate, la comida japonesa, la música clásica y la natación. También le gusta bailar y leer. Penélope habla español, inglés, francés e italiano. Le interesa mucho la filosofía budista. No le gusta nada la discriminación.

¿Va a ganar un Oscar por su próxima película? ¿Va a trabajar con Gael García Bernal? Puede ser …

Filmografía

2006 Volver
2001 Vanilla Sky
1999 Todo sobre mi madre

1 When and where were the three stars born?
2 What do they like?
3 What do they dislike?
4 Which languages do they speak?
5 Is Pedro Almodóvar going to work in Hollywood?
6 Is Gael García Bernal married?
7 What do Penélope Cruz's friends call her?
8 What types of films does she act in?
9 What is she particularly interested in?
10 Translate the two questions at the end of the last text.

When you are reading a text which contains unfamiliar words:

- Look for cognates or near-cognates, e.g. *hipocresía, guitarra*.
- Try saying new words aloud, e.g. *actriz*.
- Use logic and the context to work out new words, e.g. What do you think **nació** means in a sentence like ***Nació** el 24 de septiembre de 1949*?

2 Elige una de estas personas. Prepara una presentación. Utiliza los textos del ejercicio 1 como modelo.

Apellidos: Verdú Rollán
Nombre: Maribel
Nacionalidad: española
Fecha de nacimiento: 02/10/1970
Lugar: Madrid
Profesión: actriz
Le gusta: la moda, escuchar música, leer
No le gustan: las preguntas sobre su vida privada

… nació en … el …
Es (un actor/una actriz) …
Le gusta …
No le gusta …
Sus películas incluyen …
¿Va a …?

Filmografía
2006 El Laberinto del Fauno
2001 Y tu mamá también

Apellidos: Luna Alexander
Nombre: Diego
Nacionalidad: mexicano
Fecha de nacimiento: 29/12/1979
Lugar: Ciudad de México
Profesión: actor
Le gusta: la música de Pink Floyd, la comida mexicana
No le gusta: la injusticia

Filmografía
2006 Mister Lonely
2004 Baile caliente: Noches de la Habana
2001 Y tu mamá también

3 Escribe un resumen de la vida de la otra persona del ejercicio 2.

4 Escucha. Copia y completa el texto con las palabras del cuadro.

www.cinelatino.es

Diarios de motocicleta es una película hispanoamericana con Gael García Bernal. Trata de dos (1) *argentinos*, Ernesto 'Che' Guevara y Alberto Granado, que van de viaje por (2) ~ en 1951.

Ernesto es un estudiante de medicina. Tiene (3) ~ años. Alberto tiene veintinueve años. Viajan en una (4) ~ Norton de 500cc del año 1939.

En Perú visitan las ruinas del (5) ~. El viaje enseña muchas cosas a Ernesto y Alberto. Ernesto escribe un (6) ~ sobre la gente en Sudamérica y sus experiencias.

diario
veintitrés
motocicleta
~~argentinos~~
América Latina
Machu Picchu

Look carefully at the words in the box. Using common sense, logic and the context, try to predict which words go in which gap before you start listening.

5 Escribe un resumen del texto en inglés utilizando 30 palabras.

¡Extra! 2

- Writing a song in Spanish
- Learning about Spanish music

1 Escucha y pon los dibujos en el orden correcto.

Ejemplo: **b**, …

En el karaoke canta Katarina
pero, como siempre, ella desafina.
Ópera, jazz … ¡da igual!
Rock, pop … ¡canta fatal!

En la discoteca baila Katarina
pero ella no es una bailarina.
Tango, flamenco … ¡da igual!
Salsa, hip hop … ¡baila fatal!

Ayer tocó la flauta en la orquesta
pero cuando tocó, ¡adiós a la fiesta!
Guitarra, trompeta … ¡da igual!
Flauta, violín … ¡toca fatal!

Va a trabajar en un musical.
Va a ser Mary Poppins, ¡ay, qué mal!
Cantar, bailar, tocar … ¡da igual!
Porque todo, todo … ¡lo hace fatal!

There are two verbs for 'to play' in Spanish: you use **jugar a** for games or sports and **tocar** for musical instruments.

Juego al tenis. *I play tennis.*
Toco la trompeta. *I play the trumpet.*

desafinar = *to sing out of tune*
da igual = *it doesn't matter*
bailarina = *dancer*

2 ***Write three more verses for the song: one in the present tense, one in the near future and one in the preterite. Make sure your new pairs of lines rhyme.***

3 Con tu compañero/a, canta o recita tu canción para tu clase.

4 Escucha y lee el texto de Zona Cultura.

la voz = *the voice*
se debe mover todo el cuerpo = *you have to move your whole body*

El flamenco

El flamenco es un arte muy antiguo de Andalucía. Mezcla música y baile. En la música, la voz y la guitarra son muy importantes. En el baile se debe mover todo el cuerpo de forma coordinada.

Hay dos tipos de flamenco: el Flamenco Jondo (u Hondo) que es serio y trágico, y el Flamenco Festero que es más divertido. Este último se escucha y se baila en fiestas en el sur de España.

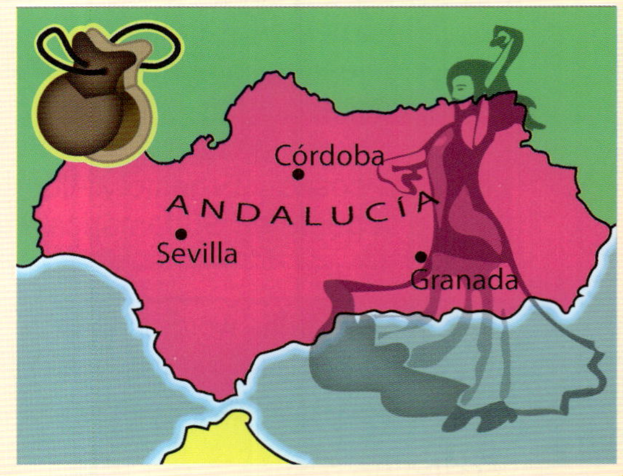

5 Escucha y lee. Luego contesta a las preguntas en inglés.

www.musicaguay.es

Ojos de Brujo

Ojos de Brujo (ODB) es un grupo de música formado en Barcelona. Se caracteriza por una fusión de estilos entre el flamenco y otros tipos de música como el reggae, el hip hop, el rock y la música electrónica. En 1999 ODB grabó su primer álbum, *Vengue*, que encantó al público y a la crítica. En 2002 apareció el segundo álbum, *Barí*. ODB tocó en los festivales más importantes de Jazz, Rock y World Music. El 20 de febrero de 2006 publicó *Techarí*, su tercer álbum – una experimentación con el flamenco. ¿Qué premio va a ganar Ojos de Brujo en el futuro? Vamos a escuchar y vamos a esperar …

1 Where was the group Ojos de Brujo formed?
2 What are the characteristics of their music?
3 What was the reaction to their first album?
4 What is their second album called?
5 Describe their third album.
6 What does 'Ojos de Brujo' mean? (Use a dictionary.)

estilos = *styles*
grabar = *to record*

6 Con tu compañero/a, escucha y luego da tu opinión de la música de Ojos de Brujo.

- ■ ¿Te gusta la música de Ojos de Brujo?
- ● Sí, me gusta …/No, no me gusta …

… porque (no) es … y/pero/también es	(muy/bastante/un poco) seria/divertida/trágica/alegre *(lively)*/ buena/mala/aburrida/guay
Hay elementos	del reggae/hip hop/rock/flamenco de la música electrónica

7 Escribe un artículo sobre el grupo imaginario 'Pies de Mono' ('Monkey's Paws') utilizando el texto del ejercicio 5 como modelo.

… formado en 2005 en Nerja …
… una fusión de estilos entre el rock y el rap …
… primer álbum …
… segundo álbum …

Palabras

Mi ordenador	***The computer***
¿Qué haces con tu ordenador?	*What do you do with your computer?*
Leo y escribo correos.	*I read and write emails.*
Descargo música.	*I download music.*
Navego por internet.	*I surf the net.*
Juego.	*I play games.*
Chateo.	*I chat online.*
Hago mis deberes.	*I do my homework.*
Veo DVDs.	*I watch DVDs.*
Compro regalos.	*I buy presents.*
todos los días	*every day*
dos veces a la semana	*twice a week*
por las tardes	*in the afternoons*
tres horas al día	*three hours a day*
de vez en cuando	*from time to time*
los fines de semana	*at weekends*
a veces	*sometimes*
nunca	*never*

La televisión	***Television***
¿Cuál es tu programa favorito?	*What's your favourite television programme?*
Mi programa favorito se llama …	*My favourite programme is …*
Es …	*It's …*
un concurso	*a game show*
un documental	*a documentary*
un programa de deporte	*a sports show*
un programa de música	*a music show*
un programa de tele-realidad	*a reality show*
el telediario	*the news*
el tiempo	*the weather*
una comedia	*a comedy*
una serie de policías	*a detective series*
una telenovela	*a soap opera*
¿Qué ponen?	*What's on?*

¿Por qué te gusta?	***Why do you like it?***
Me gusta porque es …	*I like it because it's …*
guay	*cool*
divertido/a	*entertaining*
Me gustan …	*I like …*
Me encantan …	*I love …*
Me interesan …	*I'm interested in …*
No me gustan …	*I don't like …*
Odio …	*I hate …*
Prefiero …	*I prefer …*
… los concursos	*… game shows*
… las telenovelas	*… soap operas*
… porque son …	*… because they are …*
aburridos/as	*boring*
divertidos/as	*entertaining*
educativos/as	*educational*
emocionantes	*moving*
informativos/as	*informative*
interesantes	*interesting*
malos/as	*bad*
tontos/as	*stupid*

Las películas	***Films***
¿Qué tipo de películas (no) te gustan?	*What sort of films do you like (dislike)?*
las películas de …	*… films*
acción	*action*
amor	*romantic*
artes marciales	*martial arts*
ciencia-ficción	*sci-fi*
guerra	*war*
terror	*horror*
las películas del Oeste	*Westerns*
las comedias	*comedies*
los dibujos animados	*cartoons/animations*

Más o menos	***More or less***
¿Por qué prefieres …?	*Why do you prefer …?*
Los dibujos animados son más divertidos que las películas de terror.	*Cartoons are funnier than horror films.*
Las comedias son menos interesantes que las películas del Oeste.	*Comedies are less interesting than Westerns.*
Las películas de acción son mejores.	*Action films are better.*
Las películas de guerra son peores.	*War films are worse.*

La música	***Music***
la música clásica	*classical music*
la música de los años sesenta	*sixties music*
la música electrónica	*electronic music*
la música latina	*Latin music*
la música pop	*pop*
el jazz	*jazz*
el rap	*rap*
el rock	*rock*
¿Qué tipo de música sueles escuchar?	*What sort of music do you usually listen to?*
Suelo escuchar rap.	*I usually listen to rap.*
A veces escucho rock.	*Sometimes I listen to rock.*
Nunca escucho jazz.	*I never listen to jazz.*

El fin de semana pasado	***Last weekend***
¿Qué hiciste …?	*What did you do …?*
ayer	*yesterday*
anteayer	*the day before yesterday*
el viernes pasado	*last Friday*
la semana pasada	*last week*
el fin de semana pasado	*last weekend*
canté …	*I sang …*
comí …	*I ate …*
compré …	*I bought …*
descargué …	*I downloaded …*
escuché …	*I listened to …*
fui …	*I went …*
salí …	*I went out …*
lo pasé …	*I had a … time*

Fui al cine	***I went to the cinema***
¿Qué película viste?	*Which film did you see?*
Vi …	*I saw …*
¿Qué tipo de película es?	*What sort of film is it?*
Es una película de …	*It's a … film.*
¿De qué trata?	*What is it about?*
Trata de …	*It's about …*
un niño que desaparece	*a boy who disappears*
un perro que canta	*a dog that sings*
un vampiro en Madrid	*a vampire in Madrid*
¿Te gustó?	*Did you like it?*
Sí. Me gustó.	*Yes. I liked it.*

Palabras muy útiles	***Very useful words***
y	*and*
pero	*but*
o	*or*
también	*also, as well*
primero	*first*
luego	*then*
después	*afterwards*

Estrategia

Using the preterite

- Many of the verbs in Module 1 are regular in the preterite:

escuchar *(to listen)*	escuché *(I listened)*
comer *(to eat)*	comí *(I ate)*
salir *(to go out)*	salí *(I went out)*

- You've also met some verbs that are irregular:

ver *(to see)*	vi *(I saw)*
hacer *(to do/make)*	hice *(I did/made)*
ser *(to be)*	fui *(I was)*
ir *(to go)*	fui *(I went)*

Often, the irregular verbs don't have the accents that regular ones do.

Try writing these verbs out on sticky notes and sticking them on your diary, around your bedroom or on the fridge, so that you see them often and learn them.

1 Un día en el instituto

- Describing your school
- Asking and answering questions

1 Empareja las preguntas con las respuestas. Luego escucha y comprueba.

www.miinstituto.es

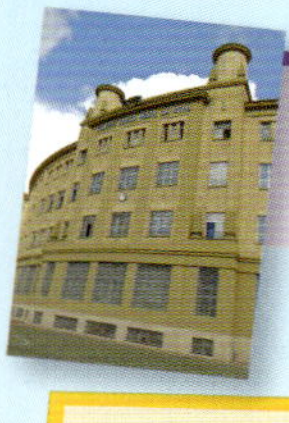

1 ¿Cómo se llama tu instituto?

2 ¿A qué hora empiezan las clases?

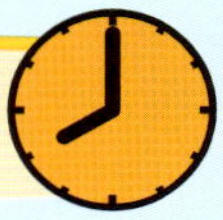

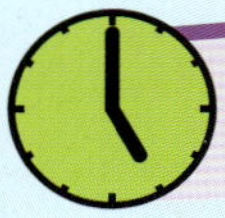

3 ¿A qué hora terminan las clases?

4 ¿A qué hora es el recreo?

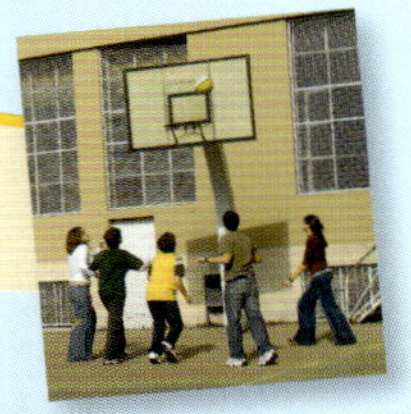

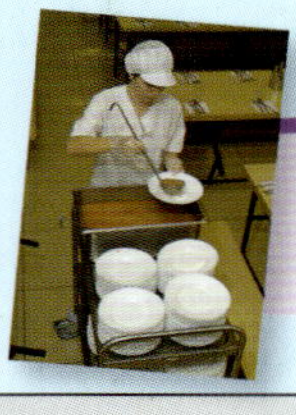

5 ¿A qué hora es la hora de comer?

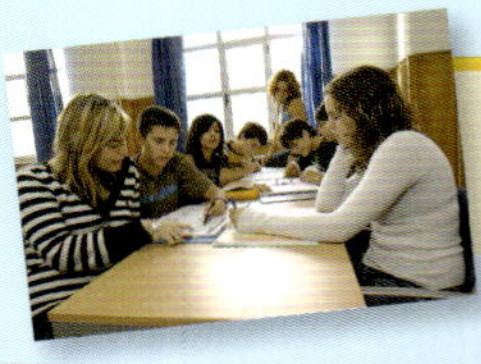

6 ¿Cuántos alumnos hay?

7 ¿Cuántos profesores hay?

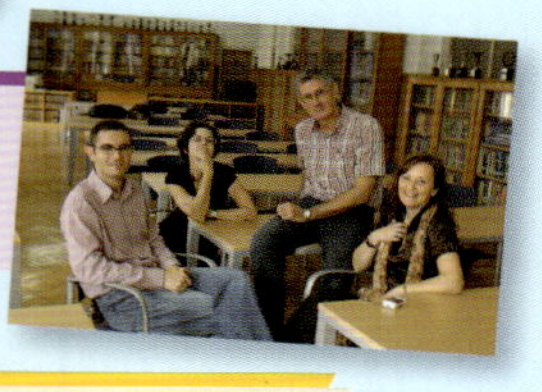

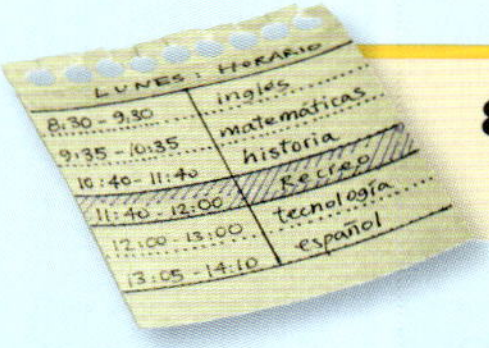

8 ¿Cuántas clases hay al día?

9 ¿Llevas uniforme?

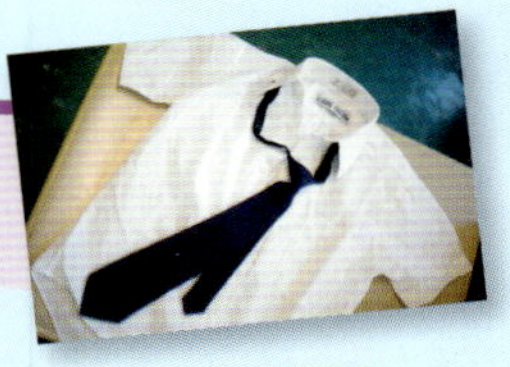

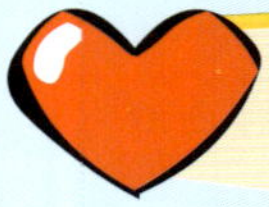

10 ¿Te gusta tu instituto?

a Hay mil alumnos.

b Hay cinco clases al día.

c Me gusta mucho mi instituto.

d Terminan a las cinco.

e Las clases empiezan a las ocho.

f Mi instituto se llama Instituto Maristas.

g No llevo uniforme.

h El recreo es a las once.

i Hay setenta profesores.

j La hora de comer es a las dos.

2 Con tu compañero/a, haz un diálogo sobre tu instituto utilizando las preguntas del ejercicio 1.

- ¿Cómo se llama tu instituto?
- Mi instituto se llama Beech School.

Gramática

Asking questions

You can change some sentences into 'yes/no' questions by using rising intonation:

¿Llevas uniforme?

Other questions start with a question word: **¿cómo?** *(how?)*, **¿cuántos?** *(how many?)*, **¿a qué hora?** *(what time?)*, etc.

Para saber más página 135

3 Escucha y escribe las letras en el orden correcto.

Ejemplo: e, …

¿Qué hay en tu instituto?

En mi instituto hay …

a	b	c	d	e	f	g	h

una biblioteca	***un gimnasio***	***una piscina***	***un aula de informática***	***un salón de actos***	***un comedor***	***laboratorios de ciencias***	***un patio***

4 Lee el blog de Ibrahim y rellena la ficha en inglés.

Name of school:	*San Benito school*
Size of school:	
Times of school day:	
Number of lessons:	
Facilities/Rooms:	
Problems:	
Opinion:	

aula = *classroom*
instalaciones = *facilities*

www.elblogdeibrahim.es

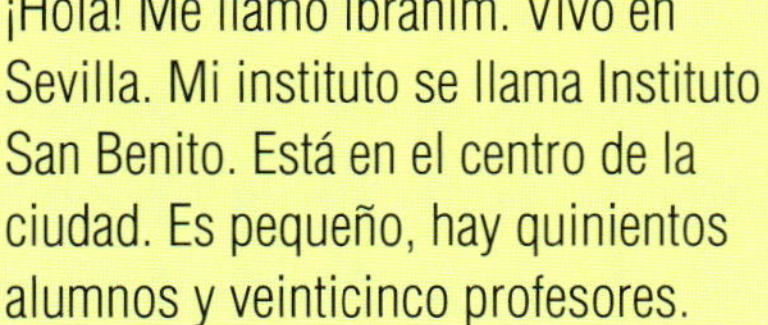

¡Hola! Me llamo Ibrahim. Vivo en Sevilla. Mi instituto se llama Instituto San Benito. Está en el centro de la ciudad. Es pequeño, hay quinientos alumnos y veinticinco profesores.

Las clases empiezan a las ocho y terminan a las cuatro. Es un día demasiado largo. Hay seis clases al día. Hay muchas aulas pero no hay un aula de informática. ¡Qué pena! A mí me gusta mucho la informática.

En general tenemos buenas instalaciones. Hay una biblioteca y hay laboratorios muy modernos pero el patio no es muy grande y no podemos jugar al fútbol. En el recreo hablamos de fútbol o de programas de la tele, como 'Gran Hermano'.

El recreo es a las diez y media y la hora de comer es a la una. Comemos en el comedor, por supuesto. No llevamos uniforme. Yo llevo vaqueros, camisetas y zapatillas de deporte. Es mucho mas cómodo que el uniforme. No me gusta mucho mi instituto. Es un poco aburrido.

5 Escucha a Maribel y rellena la ficha del ejercicio 4 otra vez.

6 Escribe un blog sobre tu instituto utilizando el texto del ejercicio 4 como modelo.

Ejemplo: ¡Hola! Me llamo Emma. Vivo …

7 Prepara una presentación sobre tu instituto.

- *Make short notes from your exercise 6 text, as in the example on the right.*
- *Use your notes to help you memorise the text.*
- *Practise your presentation as much as possible, using only your notes.*
- *Give your presentation!*

2 ¿Qué vas a estudiar?

- Talking about school subject options
- Using **a mí**, **a ti**, etc. for emphasis

Escucha y lee. Busca 13 asignaturas y 9 adjetivos.

Asignaturas	Adjetivos
las ciencias – science	*interesantes – interesting*

www.asignaturas.es

Mariela Me gustan las ciencias. Son muy interesantes pero no me gustan nada las matemáticas porque son difíciles.

Eloy Estudio francés y español. Me gusta el español porque es divertido y el francés porque es guay.

Sol Estudio tecnología, inglés e historia. Prefiero el inglés porque es muy útil y es más fácil que la historia o la tecnología.

Aitor Estudio música, informática y comercio. Prefiero la música porque es menos aburrida que la informática y es más creativa que el comercio.

Jorge A mí me gustan mucho el diseño y la educación física. A mi amiga Ana le encanta el teatro. A mí no me gusta, no es importante.

comercio = *business studies*
diseño = *design*
educación física = *PE*

Me gusta No me gusta	el comercio el dibujo el diseño el español el francés el inglés el teatro la educación física la geografía la historia la informática la música la tecnología	porque es	difícil fácil útil importante interesante aburrido/a creativo/a divertido/a guay
Me gustan No me gustan	las ciencias las matemáticas	porque son	fáciles aburridas guays

Con tu compañero/a, haz cinco diálogos.

- ¿Estudias inglés?
- Sí, estudio inglés.
- ¿Te gusta o no te gusta?
- No me gusta el inglés.
- ¿Por qué?
- Porque es aburrido y difícil.

With **estudiar** you don't need **el/la/los/las**, but with **(no) me gusta** you must include the article.

Estudio francés. Me gusta **el** francés.

3 Escucha. Copia y rellena la tabla. (1–5)

	Estudia …	Va a estudiar …
1	historia	geografía

¿Qué estudias? — Estudio …
¿Qué vas a estudiar el año que viene? — El año que viene voy a estudiar …
¿Por qué te gusta(n) …? — A mí me gusta(n) … porque es/son …

4 Escucha otra vez. Escribe la razón. (1–5)

Ejemplo: **1** La geografía es útil. Es más útil que la historia.

5 Con tu compañero/a, haz diálogos.

- ¿Qué estudias?
- Estudio …
- ¿Qué vas a estudiar el año que viene?
- El año que viene …
- ¿Por qué te gusta(n) …?
- A mí me gusta(n) porque es/son …

The word **y** changes to **e** in front of a word beginning with **i** or **hi**.

comercio e historia
divertido e importante

Gramática

Prepositional pronouns

You can use **mí**, **ti**, **él** and **ella** after the prepositions **a** and **para** to emphasise an opinion.

A **mí** no me gusta el inglés.	***I*** *don't like English.*
¿A **ti** te gusta?	*Do **you** like it?*
A **él** no le gusta mucho.	***He*** *doesn't like it.*
A **ella** le encanta.	***She*** *loves it.*
Para **mí** el inglés es guay.	*For **me**, English is cool.*

Para saber más página 125

6 Pon las frases en un orden lógico.

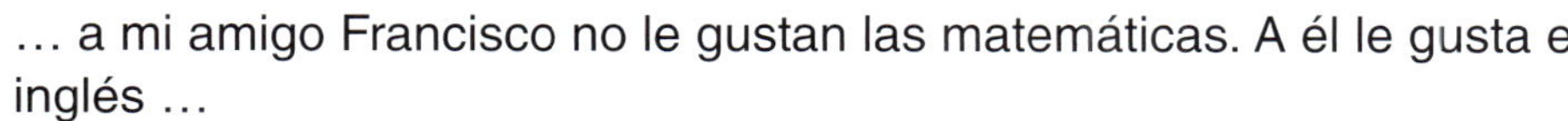

a … porque es más útil e interesante que las matemáticas.

b … a mi amigo Francisco no le gustan las matemáticas. A él le gusta el inglés …

c … aburrida. También me gustan las matemáticas. Para mí, son menos difíciles que el francés o el inglés. Pero …

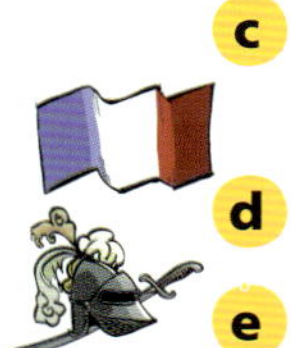

d A mí no me gusta el francés porque no es muy divertido. Prefiero …

e … la historia porque es más fácil que el francés y también es menos …

7 Escribe un artículo sobre tus asignaturas preferidas.

- *Say what you study.*
- *Compare two subjects.*
- *Say what a friend likes or dislikes.*
- *Say what you are going to study next year.*
- *Give opinions and reasons.*

3 Los profesores

- Giving opinions about teachers
- Using superlatives

1 Pon los adjetivos en la columna correcta y escríbelos en inglés.

Positivo	Negativo	Depende	inglés
simpático/a			nice
		severo/a	strict

antipático/a
bueno/a
hablador(a)
perezoso/a
justo/a
severo/a
paciente
simpático/a
tímido/a
trabajador(a)

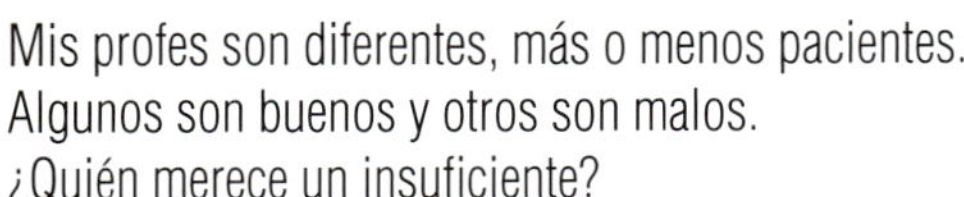

2 Escucha y lee la canción.

Mis profes son diferentes, más o menos pacientes.
Algunos son buenos y otros son malos.
¿Quién merece un insuficiente?

El profe de comercio es el menos hablador.
Es el más perezoso y el menos trabajador.

La profe de historia es la más divertida,
Viste de Armani, es la más presumida.

Me gusta el señor Puente. Su aula está enfrente.
Es el menos severo y el más inteligente.

La profe de matemáticas es la menos paciente.
Es la menos justa, merece un insuficiente.

El profesor de diseño, él es el mejor.
Es el más simpático, le queremos un montón.

más o menos = *more or less*
algunos … otros = *some … others*
merece = *he/she deserves*
insuficiente = *unsatisfactory*
presumida = *vain*
un montón = *a lot*

3 Lee la canción otra vez. Contesta a las preguntas en inglés.

Ejemplo: **1** The history teacher.

1 Who is the funniest?
2 Who is the least patient?
3 Who is the least strict?
4 Who is the least fair?
5 Who is the laziest?
6 Who is the best?
7 Who is the most vain?
8 Who is the most intelligent?

Gramática

Superlatives

el/la/los/las + **más** + adjective = *the most …*
el/la/los/las + **menos** + adjective = *the least …*

Remember that the adjective must agree with the noun it describes.

Some superlatives are irregular:

bueno/a → **el/la mejor**, **los/las mejores** = *the best*
malo/a → **el/la peor**, **los/las peores** = *the worst*

Para saber más página 126–7; ej. 4

Listen and make sure you know how to pronounce the letters **c** and **j** in Spanish. Practise these sentences.

When is **c** hard, like a 'k' sound?
When is it soft, like a 'th' sound?

*El profesor de **c**omer**c**io es pa**c**iente y **j**usto.*

*La profesora de te**c**nología es traba**j**adora.*

hablar **4** **Primero escribe el nombre de un(a) profesor(a) para cada categoría. Luego haz diálogos.**

Ejemplo: la más severa – Mrs Hill

- Para mí la señora Hill, la profesora de tecnología, es la más severa.
- Sí, estoy de acuerdo. / No, no estoy de acuerdo. La señora White, la profesora de inglés, es la más severa.

el más sever**o** / **la** más sever**a**
el más perezos**o** / **la** más perezos**a**
el menos just**o** / **la** menos just**a**
el menos divertid**o** / **la** menos divertid**a**
el más inteligente / **la** más inteligente
el más paciente / **la** más paciente

Negative expressions:

No son aburridas.	*(not)*
No hace **nada**.	*(nothing)*
No es **nada** justa.	*(not at all)*
No escucha a **nadie**.	*(nobody)*
Nunca escucha.	*(never)*

leer **5** **Lee el texto. Verdadero (V), falso (F) o no se menciona (NM)?**

Boletín de notas

Asignatura	*Nota*	*Comentario*
Español	6	El señor Bayly es el mejor profesor del instituto. Sus clases son interesantes y divertidas. Es el profe más inteligente. ¡Bravo!
Teatro	2	La señora Sanz no es nada justa y nunca escucha. Habla mucho por teléfono, manda mensajes y no presta atención. Esta profesora es la más habladora pero no es muy trabajadora.
Religión	4	El señor Vallejo es el más simpático. Sus clases son buenas. No son aburridas. Por lo general es justo y paciente.
Informática	1	La señora Cruz es bastante simpática pero es la más perezosa del instituto. No hace nada. A veces come chicle y no escucha a nadie. Nunca corrige nuestros deberes. Navega por internet en las clases.

Las notas

6 = Sobresaliente	3 = Suficiente
5 = Notable	2 = Insuficiente
4 = Bien	1 = Muy deficiente

1. El señor Bayly es el peor profesor del instituto.
2. El señor Bayly es el más inteligente y es divertido.
3. La señora Sanz es justa y trabajadora.
4. El señor Vallejo es bastante tímido.
5. La señora Cruz come bocadillos en clase.
6. La señora Cruz no es muy trabajadora.

Mini-test

I can
- describe my school
- say what I think of school subjects
- say what I am going to study next year
- give opinions about teachers
- **G** ask and answer different types of questions
- **G** use the superlative
- **G** use **mí**, **ti**, **él** and **ella** after **para** or **a**.

4 Se debe . . .

- Talking about school rules
- Using **se debe** and **se puede**

1 Escucha y escribe la letra correcta. (1–12)

Ejemplo: **1** k

Las normas del instituto

a Se debe escuchar en clase.

b Se debe hacer los deberes.

c Se debe llevar uniforme.

d Se debe llegar a tiempo.

e Se puede llevar maquillaje.

f Se puede escuchar música en el recreo.

g No se debe llevar zapatillas de deporte.

h No se debe llevar joyas.

i No se debe llevar piercings.

j No se debe comer chicle.

k No se debe correr en los pasillos.

l No se debe usar el móvil en clase.

2 Elige una letra. Tu compañero/a debe cerrar su libro y decir la norma.

- 'l'
- No se debe usar el móvil en clase.

3 Escucha el diálogo y escribe las letras del ejercicio 1.

Ejemplo: k, …

4 Describe las normas de tu instituto.

Ejemplo: En mi instituto se debe …
No se debe …, pero se puede …

Gramática

se debe/se puede + infinitive

se debe and **se puede** mean *you must* and *you can*, referring to people in general.

Se debe llegar a tiempo.
You must arrive on time.
No se debe correr en los pasillos.
You must not run in the corridors.
Se puede llevar maquillaje.
You can wear make-up.

Para saber más página 133

5 Lee los textos. Copia y rellena la tabla.

Infinitivo	inglés	'yo'	inglés	'él'	inglés
llegar	to arrive	llegué	I arrived	llegó	he arrived
comer			I ate		he ate
escuchar			I listened		he listened
hablar			I talked		he talked
hacer			I did		he did

lleg**o** *I arrive* lleg**ó** *he/she arrived*

In the present tense, an **o** ending on a verb shows that it is in the 'I' form. In the preterite, an accented **ó** shows that the verb is in the 'he/she' form.

Odio el instituto. Es muy aburrido. Ayer llegué un poco tarde, a las once de la mañana. Comí chicle en mi clase de matemáticas y el profesor se enfadó.

Luego, en la clase de dibujo, escuché un poco de música. También hablé por teléfono en la clase de informática. No hice mis deberes de español. Pero por favor, no maté a nadie … y ahora tenemos esta carta, y mis padres …

Miguel

se enfadó = *got very angry*
no maté a nadie = *I didn't kill anyone*
en vez de = *instead of*

Instituto Príncipe de Viana

Estimado señor Carlos Fuentes:

Ayer Miguel llegó muy tarde, a las once de la mañana. Comió chicle en su clase de matemáticas y luego en vez de escuchar al profesor en la clase de dibujo, escuchó música. También habló por teléfono en la clase de informática. No hizo sus deberes de español.

Señor Carlos, Miguel tiene que cambiar su actitud y respetar a los profesores y las normas del instituto.

Le saluda atentamente,

Diego Salas

6 Lee los textos otra vez. Contesta a las preguntas en inglés.

1 What does Miguel think of school?
2 At what time did Miguel arrive at school yesterday?
3 What happened in maths?
4 What happened in art?
5 What happened in ICT?
6 Why is Spanish mentioned?

7 Escribe la carta de un(a) profesor(a) sobre Susa utilizando la carta del ejercicio 5 como modelo.

Add anything else you can think of, e.g. 'Sent messages', 'Didn't listen' …

- Susa arrived at 10.30
- Ate crisps in her maths class
- Talked to her friends in ICT
- Didn't do her technology homework
- Our rules are …

5 Después del insti

- Talking about after-school clubs
- Using three tenses together

1 Empareja los pins con la actividad correcta. Luego escucha y comprueba.

¿Qué haces después del instituto?

- **a** el club de idiomas
- **b** el club de ajedrez
- **c** el club de natación
- **d** el club de fotografía
- **e** el club de atletismo
- **f** el club de informática
- **g** el taller de teatro
- **h** la orquesta
- **i** el coro
- **j** el equipo de fútbol
- **k** el equipo de baloncesto
- **l** el equipo de voleibol

2 Lee las frases. ¿Qué actividad es? ¿Presente o futuro?

a + el = **al**

¿Qué haces después del instituto?
Voy **al** club de ajedrez.

Ejemplo: **1** el club de informática – presente

1. Voy al club de … todos los días. Me gusta mucho porque navego un poco por internet.
2. Mañana voy a ir al club de … con mis amigos. Vamos a hablar inglés y francés.
3. Todas las semanas toco el piano en la … . A mí me encanta la música clásica.
4. Voy al … donde canto. Me gusta mucho cantar.
5. Voy a jugar al baloncesto en el equipo de … . Va a ser divertido.

tocar = *to play*
toco = *I play*

3 Con tu compañero/a, haz diálogos.

- ¿Qué haces después del instituto?
- Normalmente voy al taller de teatro, pero mañana voy a hacer natación.

Voy a { ir / cantar / hacer / jugar / tocar

1. Normalmente  pero mañana  .
2. Todos los días  . El lunes que viene  .
3. Dos veces a la semana  y mañana  en la … .
4. Los martes … pero el martes que viene  .

4 Escucha y escribe los datos.

Ejemplo: Yolanda – ayer en la hora de comer – taller de teatro – …

Yolanda Enrique Pedro Raquel Luis Miguel

ayer
anteayer
durante el recreo
en la hora de comer
después del instituto
más tarde

5 Copia y completa el texto.

Anteayer (1)*fui* al club de fotografía en la hora de comer. Después del instituto (2)___ natación, luego (3)___ al fútbol.

Ayer durante el recreo (4)___ al club de informática. En la hora de comer (5)___ la guitarra y después del insti (6)___ en el coro.

canté ~~fui~~ fui
hice jugué toqué

Gramática

The preterite: spelling changes

Verbs with infinitives ending in **-gar** and **-car** change their spelling in the 'I' form of the preterite.

(jugar) Ju**gu**é al baloncesto.
I played basketball.
(tocar) To**qu**é el piano.
I played the piano.

Para saber más **página 129**

6 Escucha y lee. Completa las frases por Pablo. Tradúcelas al inglés.

Ejemplo: Todos los jueves voy al club de idiomas. – Every Thursday I go to the languages club.

Presente
Todos los jueves …
A veces …
De vez en cuando …
Nunca …

Pretérito
Ayer en la hora de comer …
Luego, después del instituto, …
Más tarde …

Futuro immediato
Mañana en la hora de comer …
Mañana por la tarde …

Me llamo Pablo. En mi instituto hay muchas actividades extraescolares. Se puede ir al taller de teatro los lunes, y yo voy siempre. También voy al club de idiomas todos los jueves, donde hablo inglés y francés. A veces voy al club de atletismo, pero cuando llueve no hago atletismo, hago natación. Si hace buen tiempo, juego en el equipo de tenis los martes. Mi tenista favorito es Rafael Nadal. De vez en cuando voy al club de fotografía. Nunca voy al coro porque no me gusta nada cantar.

Ayer en la hora de comer jugué en el equipo de baloncesto. ¡Fue genial! Luego, después del instituto, hice atletismo y más tarde jugué al fútbol con mis amigos. ¡Marqué dos goles! Luego fui a la cafetería donde bebí una limonada.

Mañana voy a ir al club de ajedrez en la hora de comer y por la tarde voy a jugar en el equipo de voleibol. ¡Vamos a jugar en la playa!

7 Con tu compañero/a, haz preguntas y contesta por Pablo.

- ¿Qué haces los jueves/los martes?
- ¿Qué haces cuando llueve?
- ¿Qué hiciste ayer en la hora de comer/más tarde?
- ¿Qué vas a hacer mañana en la hora de comer/por la tarde?

Resumen

Unidad 1

I can

■ *ask someone questions about their school*	¿Cómo se llama tu instituto?¿Cuántos alumnos hay?
■ *describe my school*	Mi instituto se llama Instituto Maristas. Hay cinco clases al día. Las clases empiezan a las ocho y terminan a las cinco.
■ *describe my school's facilities*	Hay una biblioteca y hay laboratorios muy modernos per el patio no es muy grande.
G *ask questions using question words or rising intonation*	¿**A qué hora** es el recreo? ¿Llevas uniforme?

Unidad 2

I can

■ *say what I study and what I am going to study next year*	Estudio educación física y ciencias. El año que viene voy a estudiar informática.
■ *say what I think of school subjects and why*	Me gustan las ciencias porque son interesantes. Son más interesantes que las matemáticas.
G *Use* **a mí**, **a ti**, **a él**, **a ella** *for emphasis*	**A mí** me encanta el dibujo pero **a él** le gusta el inglés.

Unidad 3

I can

■ *give opinions about teachers*	El profesor de diseño es paciente pero perezoso.
■ *pronounce* **c** *and* **j** *correctly*	El profesor de **c**omer**c**io es pa**c**iente y **j**usto.
G *use superlatives*	El señor Bayly es el mejor profesor del instituto. La profesora de tecnología es la menos divertida.
G *use negative expressions*	Nunca escucha. No escucha a nadie. No hace nada.

Unidad 4

I can

■ *talk about school rules*	Se debe escuchar en clase. No se debe correr en los pasillos.
G *use* **se debe** *and* **se puede**	Se debe llegar a tiempo. Se puede escuchar música.
G *use the preterite to refer to myself and others*	Comí chicle en la clase y hablé por teléfono. Susa comió patatas fritas y habló con sus amigas.

Unidad 5

I can

■ *talk about after-school clubs and activities*	Voy al club de ajedrez. Canto en el coro.
■ *use the preterite of verbs ending in* **-gar** *and* **-car**	Jug**u**é al voleibol. To**qu**é el piano.
G *use three tenses together*	Voy al club de informática todos los días. Ayer fui al club de fotografía en la hora de comer. Mañana voy a hacer atletismo.

Prepárate

1 Escucha y pon los dibujos en el orden correcto.

Ejemplo: b, …

2 Con tu compañero/a, pregunta y contesta.

- ¿Cómo se llama tu instituto?
- ¿Cuántos alumnos hay?
- ¿A qué hora empiezan las clases?
- ¿Qué estudias?
- ¿Qué haces durante el recreo?

- Mi instituto se llama …
- Hay …
- Las clases empiezan a las …
- Estudio …
- Durante el recreo …

3 ¿Quién escribe? ¿Pepita (P) o Javier (J)?

Ejemplo: **1** J

Pepita

Javier

1 Se puede llevar zapatillas de deporte.
2 Se puede llevar joyas.
3 Se puede comer chicle.
4 Se debe llevar uniforme.
5 Se puede llevar maquillaje.
6 Se puede escuchar música en el recreo.
7 No se debe llevar piercings.
8 Se puede usar el móvil en clase.

4 Escribe un párrafo sobre tus actividades extraescolares.

Try not to use **voy** and **fui** all the time. What other verbs can you use?

Pretérito

Ayer en la hora de comer

Después del instituto

El viernes pasado

¡Extra! 1

- Talking about special occasions
- Using three tenses together

1 Escucha y elige la fiesta correcta para cada fecha.

1  *1 de enero*

2  *6 de enero*

3  *febrero*

4  *marzo/abril*

5  *1 de mayo*

6  *junio–septiembre*

7  *1 de noviembre*

8  *diciembre–enero*

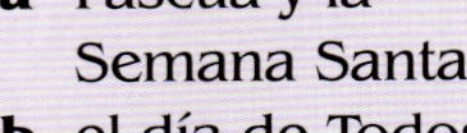

a Pascua y la Semana Santa
b el día de Todos los Santos
c el día de Reyes
d la Navidad
e el Año Nuevo
f las vacaciones de verano
g el Carnaval
h el día del Trabajo

2 Copia y completa el texto utilizando las fiestas del ejercicio 1.

La cabalgata de los Reyes Magos

El año escolar empieza en septiembre y estudiamos mucho en el otoño. El 1 de noviembre es (1) ___, que es una celebración religiosa. Voy al cementerio a visitar la tumba de mi abuela.

En diciembre y enero celebramos (2) ___ y tenemos dos semanas de vacaciones. El 1 de enero es (3) ___, es muy emocionante. Me gusta mucho esta celebración.

El 6 de enero es (4) ___. Se dan regalos y se come un pan dulce que se llama el roscón de Reyes.

Tenemos vacaciones durante (5) ___ que también es una celebración religiosa. A veces se regalan huevos de Pascua en Domingo de Pascua. ¡Qué rico!

Luego, el 1 de mayo es (6) ___. Después esperamos a (7) ___, que empiezan en junio.

Eduardo

3 Escucha y lee el texto. Luego empareja el español y el inglés.

Ejemplo: **1** f

La Navidad es una fiesta muy importante en mi familia y a mí ¡me encanta! En casa decoramos el árbol de Navidad y ponemos un belén. Normalmente, en Nochebuena ceno ternera asada.

En la noche del 5 al 6 de enero los Reyes Magos traen regalos a los niños buenos. La tradición viene de cuando los Reyes Magos llevaron al niño Jesús oro, incienso y mirra. ¡Yo siempre pido muchos regalos!

El año pasado en Navidad fui a Santa Cruz de Tenerife. El día 25 de diciembre fui a un concierto al aire libre. ¡Fue estupendo! En Nochevieja fui a una exhibición de fuegos artificiales en la plaza de España y comí las uvas de la suerte. Lo pasé fenomenal.

El año que viene vamos a pasar la Navidad con mi abuela en Manchester. Voy a decorar el árbol con mi abuela y mi hermana. Voy a comer pavo y el famoso pudín de Navidad inglés. ¡Qué rico! Voy a pedir a los Reyes Magos un ordenador nuevo y videojuegos. Lo voy a pasar bien. **Juanita**

belén = *crib, Nativity scene*
pido = *I ask for*
Nochevieja = *New Year's Eve*
fuegos artificiales = *fireworks*
pedir = *to ask for*

1 la Nochebuena
2 ternera asada
3 el pudín de Navidad
4 pavo
5 los Reyes Magos
6 traen regalos
7 las uvas de la suerte
8 el árbol de Navidad

a *Christmas tree*
b *Christmas pudding*
c *they bring presents*
d *roast beef*
e *the grapes of fortune*
f *Christmas Eve*
g *the Three Kings*
h *turkey*

4 Termina las frases correctamente.

Ejemplo: **1** En la Nochebuena Juanita cena ternera asada.

1 En la Nochebuena Juanita cena
2 Los Reyes Magos traen regalos
3 El año pasado Juanita
4 El concierto fue
5 El año que viene Juanita va
6 Va a decorar

pasó sus vacaciones en Tenerife.
el árbol de Navidad.
fenomenal.
la noche del 5 al 6 de enero.
a visitar Manchester.
ternera asada.

5 Con tu compañero/a, habla de la Navidad.

- ¿Qué haces normalmente en Navidad? (Voy …, como …, decoro …)
- ¿Qué hiciste el año pasado? (Fui …, comí …, lo pasé …)
- ¿Qué vas a hacer el año que viene? (Voy a decorar …, voy a pedir …)

Normalmente
voy — pido
como — es
decoro — lo paso

El año pasado
fui — pedí
comí — fue
decoré — lo pasé

El año que viene
voy a ir — voy a pedir
voy a comer — va a ser
voy a decorar — lo voy a pasar

- Understanding a complex text
- Learning how to summarise

1 Escucha y lee.

El Centro Europeo de Astronautas

El Centro Europeo de Astronautas (EAC) es una escuela de astronautas en Alemania. Este centro tiene 13 alumnos.

En el primer año los astronautas estudian ciencias y tecnología espacial. Adquieren experiencia como submarinistas. El entorno acuático es un poco como la gravedad cero.

En el segundo año aprenden todo sobre la Estación Espacial Internacional y el control terrestre de las misiones. Los astronautas visitan la Estación Espacial Internacional con un sistema de realidad virtual.

Luego participan en intercambios con centros espaciales de los Estados Unidos, Canadá, Rusia y Japón. Entrenan en el gimnasio todos los días porque tienen que estar en forma. Estudian en el EAC durante cuatro años por lo menos.

El astronauta Leopold Eyharts nació en 1957 en Biarritz, en Francia. Primero fue piloto y después, astronauta. Luego en 1998 vino al EAC. En diciembre Leopold Eyharts va a hacer su segunda expedición espacial. Va a pasar dos meses en el espacio.

adquieren = *they acquire*
intercambios = *exchanges*
vino = *he came*

2 What do you think these words mean in the text? Write down the English. Check in a dictionary if you aren't sure.

Ejemplo: gravedad – gravity

gravedad	estación
realidad	expedición
sistema	espacial
experiencia	internacional

Looking at equivalent word endings in Spanish and English can help you to increase your Spanish vocabulary and improve your spelling, e.g.
grave**dad** = *gravi**ty***
expedi**ción** = *expedi**tion***

3 Termina estas frases en inglés.

Ejemplo: **1** EAC is a school for astronauts.

1. EAC is a …
2. In the first year they study …
3. They practise deep-sea diving because the underwater environment is similar to …
4. In the second year they learn about …
5. Virtual reality allows them to …
6. They stay at EAC for …
7. Leopold Eyharts came to EAC in …
8. In December he will go …

Con tu compañero/a, haz preguntas y contesta por Leopold Eyharts.

- ¿Qué estudiaste en el primer año?
- ¿Qué estudiaste en el segundo año?
- ¿Qué hiciste para estar en forma?
- ¿Qué vas a hacer el año que viene?

In your answers to the first three questions, you'll have to change the verbs in the text from the present tense to the preterite. You should answer all four questions using the 'I' form of the verb.

Escribe tus respuestas del ejercicio 4.

Escribe un resumen del texto del ejercicio 1 en inglés utilizando 50 palabras.

Summarising isn't the same as translating. A summary should be a shorter version of the text, picking out the key points. Compare this translation and summary of the first two sentences of the exercise 1 text:

Translation
The European Astronaut Centre (EAC) is a school for astronauts in Germany.
The centre has 13 pupils.

Summary
EAC is a school for astronauts, with 13 pupils.

Lee el artículo. Luego escribe un anuncio para astronautas. Cambia la lista del artículo por preguntas.

Ejemplo: ¿Quieres ser astronauta?
¿Tienes entre … y … años?

En busca del hombre perfecto o de la mujer perfecta

Si quieres ser astronauta …

- *Debes **tener** entre 27 y 37 años.*
- *Debes **ser** estudiante de medicina, ciencias naturales o ingeniería.*
- *Debes **tener** experiencia como piloto aeronáutico.*
- *Debes **hablar** inglés.*
- *Debes **estar** en forma y **tener** buena memoria.*
- *Debes **ser** emocionalmente estable.*

Palabras

Un día en el instituto	A school day
¿Cómo se llama tu instituto?	What is your school called?
Mi instituto se llama …	My school is called …
¿A qué hora empiezan/terminan las clases?	What time do lessons start/finish?
Las clases empiezan/terminan a las …	Lessons start/finish at …
¿A qué hora es el recreo/la hora de comer?	What time is the break/the lunch hour?
El recreo/La hora de comer es a las …	Break/The lunch hour is at …
¿Cuántos alumnos/profesores hay?	How many pupils/teachers are there?
Hay … alumnos/profesores.	There are … pupils/teachers.
¿Cuántas clases hay al día?	How many lessons are there in a day?
Hay … clases al día.	There are … lessons in a day.
¿Llevas uniforme?	Do you wear a uniform?
(No) llevo uniforme.	I (don't) wear a uniform.
¿Te gusta tu instituto?	Do you like your school?
(No) me gusta mucho mi instituto.	I (don't) like my school very much.

Las instalaciones	Facilities
¿Qué hay en tu instituto?	What is there in your school?
En mi instituto hay …	In my school there's …
un aula de informática	an ICT room
un comedor	a dining hall
un patio	a playground
un salón de actos	an assembly hall
una biblioteca	a library
un gimnasio	a gym
una piscina	a swimming pool
laboratorios de ciencias	science labs

Las asignaturas	Subjects
(No) me gusta …	I (don't) like …
el comercio	business studies
el dibujo	art
el diseño	design
el español	Spanish
el francés	French
el inglés	English
el teatro	drama
la educación física	PE
la geografía	geography
la historia	history
la informática	ICT
la música	music
la tecnología	technology
… porque es …	… because it's …
aburrido/a	boring
creativo/a	creative
difícil	difficult
divertido/a	fun
fácil	easy
guay	great
importante	important
interesante	interesting
útil	useful
(No) me gustan …	I (don't) like …
las ciencias	science(s)
las matemáticas	maths
… porque son …	… because they're …
aburridas/fáciles	boring/easy
¿Qué estudias?	What are you studying?
Estudio francés.	I'm studying French.
¿Qué vas a estudiar el año que viene?	What are you going to study next year?
El año que viene voy a estudiar …	Next year I'm going to study …
¿Por qué te gusta(n)?	Why do you like it (them)?
A mí me gusta(n) … porque es/son …	I like … because it's/they're …

Los profesores	Teachers
El/La profesor(a) de teatro es …	The drama teacher is …
antipático/a	unpleasant, nasty
bueno/a	good
divertido/a	funny
hablador(a)	talkative

inteligente	*intelligent*
justo/a	*fair*
paciente	*patient*
perezoso/a	*lazy*
severo/a	*strict*
simpático/a	*pleasant, nice*
tímido/a	*shy*
trabajador(a)	*hard-working*
El profesor de diseño es el más …	*The design teacher is the most …/ the …est.*
La profesora de inglés es la menos …	*The English teacher is the least …*
El señor … es el mejor.	*Mr … is the best.*
La señora … es la peor.	*Ms … is the worst.*
(No) estoy de acuerdo.	*I (don't) agree.*

Las normas del instituto	***School rules***
Se debe …	*You must …*
escuchar en clase	*listen in class*
hacer los deberes	*do your homework*
llevar uniforme	*wear uniform*
llegar a tiempo	*arrive on time*
Se puede …	*You can …*
llevar maquillaje	*wear make-up*
escuchar música en el recreo	*listen to music during break*
No se debe …	*You must not …*
llevar zapatillas de deporte	*wear trainers*
llevar joyas	*wear jewellery*
llevar piercings	*wear piercings*
comer chicle	*chew gum*
correr en los pasillos	*run in the corridors*
usar el móvil en clase	*use your mobile in class*

Los clubes	***Clubs***
el club de ajedrez	*the chess club*
el club de atletismo	*the athletics club*
el club de fotografía	*the camera club*
el club de idiomas	*the language club*
el club de informática	*the ICT club*
el club de natación	*the swimming club*
el coro	*the choir*
el equipo de baloncesto	*the basketball team*
el equipo de fútbol	*the football team*
el equipo de voleibol	*the volleyball team*
el taller de teatro	*the drama workshop*
la orquesta	*the orchestra*

Después del insti	***After school***
¿Qué haces …?	*What do you do …?*
después del instituto	*after school*
durante el recreo	*during break*
en la hora de comer	*in the lunch hour*
por la tarde	*in the afternoon*
Normalmente …	*Normally …*
Todas las semanas …	*Every week …*
Todos los jueves …	*Every Thursday …*
A veces …	*Sometimes …*
voy al club de …	*I go to the … club*
canto en el coro	*I sing in the choir*
hago atletismo	*I do athletics*
juego al fútbol	*I play football*
juego en el equipo de …	*I play in the … team*
toco la trompeta en la orquesta	*I play the trumpet in the orchestra*

Estrategia

Opinions and agreement

- Add emphasis to your opinions:
  A mí no me gusta nada el inglés.
- Personalise your answers:
  Para mí el español es guay.
- Make it a habit to ask yourself **¿Por qué?** and to explain your opinion:
  Me gusta el teatro **porque** es fácil.
- Use superlatives to make what you say more interesting and varied:
  El señor Rivera es el mejor profesor.
  Es el más inteligente y el más divertido.
- Take the time to say whether you agree or disagree with someone and why:
  (No) Estoy de acuerdo porque …

La salud 3

1 Me duele . . .

- Learning the parts of the body
- Using **me duele** and **me duelen**

Escucha y escribe la letra correcta para las partes del cuerpo. (1–15)
Write the letter of the correct part of the body.

Ejemplo: **1** n

Cierra el libro. Indica una parte de tu cuerpo.
Tu compañero/a lo dice en español.

Ejemplo:

- (points to teeth)
- las muelas

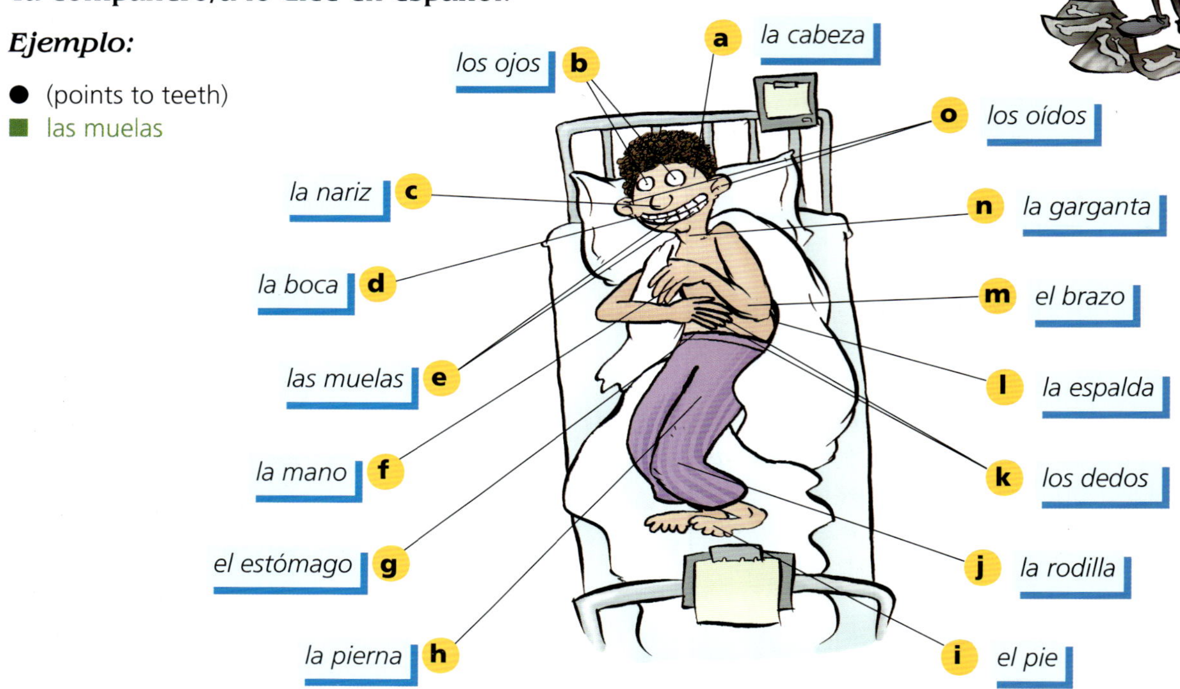

Gramática

doler behaves like **gustar**:

Me duele.	*It hurts. (me)*
¿Qué **te** duele?	*What hurts? (you, familiar)*
¿Qué **le** duele?	*What hurts? (him/her/you, formal)*
A Luis **le** duele el pie.	*Luis' foot hurts.*
Singular	**Plural**
Me duel**e** la cabeza.	Me duel**en** las piernas.

Para saber más página 132; ej. 17

¿Desde hace cuánto tiempo?
For how long?
Desde hace tres días
For three days
Desde hace dos horas
For two hours
Desde hace una semana
For one week

Escucha. Copia y rellena la tabla. (1–6)

	¿Qué le duele?	¿Desde hace cuánto tiempo?	familiar/formal
1	la pierna y el pie	cinco días	familiar

4 Escucha y lee.

¿Qué le duele, señorita?
No me encuentro bien.
Me duelen las muelas
desde hace cuatro horas …

(Estribillo)

¿Qué le duele? ¿Qué le duele?
Tuve un accidente.
Ahora me duele el pie
y la cabeza también.

(Estribillo)

¿Qué te duele, Toño?
Me duele mucho la mano.
Me caí de mi caballo.
¡Ay! ¡Ay! ¡Ay! ¡Qué tonto!

(Estribillo)

Me siento muy, muy mal.
Fatal … me siento fatal.
Me duele la garganta
desde hace una semana.

(Estribillo)

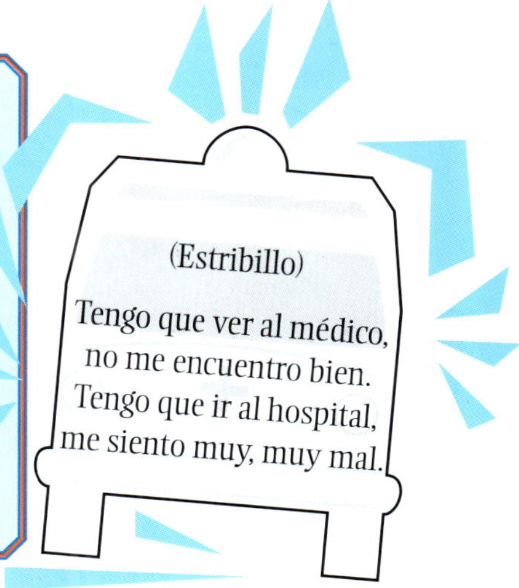

(Estribillo)
Tengo que ver al médico,
no me encuentro bien.
Tengo que ir al hospital,
me siento muy, muy mal.

5 Busca estas frases en español en la canción.

***Ejemplo:* 1** Tuve un accidente.

1 *I had an accident.*
2 *Where does it hurt, Miss?*
3 *I have to see the doctor.*
4 *How stupid!*
5 *Terrible … I feel terrible.*
6 *I don't feel well.*
7 *I fell off my horse.*
8 *I feel very, very bad.*

¿Qué te/le duele?
No me encuentro bien.
Me siento (muy) mal/fatal.
Me duele el/la …/Me duelen los/las …
Desde hace …
Jugué al (baloncesto/voleibol, etc.)
Hice (natación/patinaje, etc.)
Fui (a la discoteca/a la bolera, etc.)
Comí (patatas fritas/tres hamburguesas, etc.)
Bebí …
¡Ay! ¡Qué desastre!/¡Qué horror!/¡Qué tonto!

6 Escribe otra estrofa para la canción.

Write another verse for the song.

7 Con tu compañero/a, haz estos diálogos.

- ¿Qué te duele?
- Me duele la pierna.
- ¿Desde hace cuánto tiempo?
- Desde hace cinco horas.
- ¿Te duele mucho?
- Sí, me duele muchísimo.
- ¡Qué pobre! ¿Qué hiciste?
- Me caí de la bicicleta.

1 ***five hours***

2 ***three days***

3 ***two hours***

4 ***one week***

5 ***eight hours***

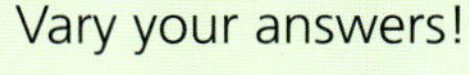

Vary your answers!

me duele mucho/muchísimo
me duele un poco
me duele pero no es nada
¡me siento fatal!
¡qué dolor!

2 En la farmacia

- Describing symptoms
- Using **tener** and **estar** correctly

1 Escucha y escribe la letra correcta. (1–10)

***Ejemplo:* 1** c

a 
Estoy enfermo.

b 
Tengo fiebre.

c 
Tengo una picadura.

d 
Tengo una quemadura de sol.

e 
Tengo diarrea.

f 
Tengo tos.

g 
Tengo gripe.

h 
Tengo catarro.

i 
Tengo vómitos.

j 
Estoy cansado.

2 ¡Juega! Elige dos problemas del ejercicio 1. Tu compañero/a hace preguntas.

- No me encuentro bien.
- ¿Qué te pasa? ¿Tienes fiebre?
- No.
- ¿Estás cansado/a?
- No.
- ¿Tienes catarro?
- Sí. Tengo catarro.

3 Escucha y escribe la excusa correcta. (1–5)

***Ejemplo:* 1** Tengo una picadura.

escribir

4 No quieres salir con un chico/una chica. Escribe un correo electrónico.

Ejemplo: No puedo salir. Estoy enfermo. Tengo gripe y también …
Además …

Gramática

You use the verb **tener** (*to have*) to refer to most medical problems.

Tengo catarro.	*I have/I've got a cold.*
Tienes fiebre.	*You (sing.) have a temperature.*
Tiene tos.	*He/She has a cough.*

But some expressions use the verb **estar** *(to be)* followed by an adjective.

estoy	*I am*
estás	*you (sing.) are*
está	*he/she/it is*
estamos	*we are*
estáis	*you (plural) are*
están	*they are*

The adjective ending must agree with the subject:

Estoy cansado/a.	*I am tired.*
Están enfermos/as.	*They are ill.*

5 Escucha y escribe los datos. (1–6)

	Problema	Remedio	Frecuencia
1	fiebre	aspirinas	x 3

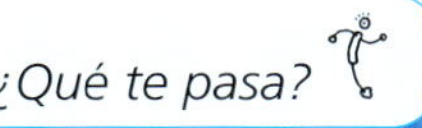

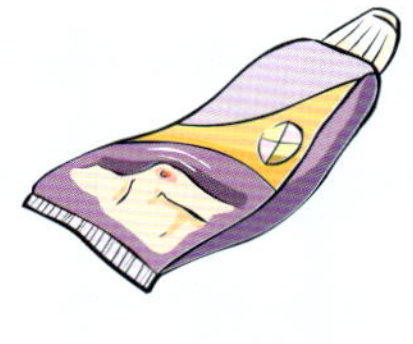
usar esta crema

tomar estas pastillas

tomar este jarabe

tomar estas aspirinas

beber agua

× 1 una vez al día

× 2 dos veces al día

× 3 tres veces al día

por la mañana

por la tarde

6 Con tu compañero/a, haz estos diálogos.

- Buenos días, señor/señorita. ¿Qué le pasa?
- No me encuentro bien. Tengo fiebre y me duele la cabeza.
- Hay que beber agua y hay que tomar estas aspirinas dos veces al día.
- Gracias.

7 Lee y da consejos a estas personas.

Ejemplo: **1** Hay que tomar estas aspirinas dos veces al día y …

www.tusalud.es

¿Qué te pasa?

1 Creo que estoy enferma. Estoy cansada y me duele la cabeza. También tengo tos y me duelen los ojos. No puedo estudiar y mañana tengo un examen. ¿Qué tengo que hacer? *Alicia*

2 No me siento bien. Ayer fui a la playa con mis amigos y ahora tengo una quemadura de sol en la cara y la espalda y también tengo vómitos. ¡Ayuda por favor! *Juan*

3 Me duele mucho la mano. Tengo una picadura. ¿Qué voy a hacer? Me duele muchísimo. *Rosa*

4 No me encuentro bien. Fui a un restaurante vegetariano ayer y hoy tengo diarrea. ¡Qué horror! Voy al baño. Odio la comida vegetariana. *Pepe*

5 Creo que tengo gripe. Tengo fiebre y me duele todo el cuerpo. También estoy cansada. Por la noche tengo una cita con un chico. ¿Hay alguien que tenga consejos para mí? *Isabel*

cara = *face*
cita = *date*

3 ¿Tienes una dieta sana?

- Talking about healthy and unhealthy food
- Using direct object pronouns

1 Pon la comida en la columna correcta.

Comida sana	Comida malsana
verduras	

2 Escucha y comprueba tus respuestas.

3 Escucha y apunta las respuestas de Angelina y Luis. (1–5) Luego lee los resultados del test para Angelina y Luis.

Ejemplo: **1** Angelina d, Luis a

1 ¿Con qué frecuencia comes pescado?
- **a** Nunca como pescado.
- **b** Lo como de vez en cuando.
- **c** Lo como dos veces a la semana.
- **d** Lo como todos los días.

2 ¿Con qué frecuencia bebes Coca-Cola?
- **a** La bebo todos los días.
- **b** La bebo dos veces al día.
- **c** La bebo dos veces a la semana.
- **d** Casi nunca bebo Coca-Cola.

3 ¿Con qué frecuencia comes caramelos?
- **a** Los como todos los días.
- **b** Los como tres veces a la semana.
- **c** Los como una vez al mes.
- **d** No los como casi nunca.

4 ¿Con qué frecuencia comes verduras?
- **a** Nunca las como.
- **b** Las como de vez en cuando.
- **c** Las como una vez al día.
- **d** Las como cinco veces al día.

5 ¿Con qué frecuencia comes patatas fritas?
- **a** Las como todos los días.
- **b** Las como una vez a la semana.
- **c** Las como una vez al mes.
- **d** Nunca las como.

todos los días = *every day*
dos veces a la semana = *twice a week*
una vez al mes = *once a month*
de vez en cuando = *from time to time*
casi nunca = *almost never*

Si tienes una mayoría de …

a ¡No comes bien! Comes muchas cosas que son muy perjudiciales para tu salud. ¡Hay que saber decir adiós a la comida basura!

b Comes bastante bien, pero también comes pasteles, caramelos y patatas fritas. Por favor, tienes que beber agua y ¡no entres en la pastelería!

c Generalmente comes bien. Pero comes caramelos de vez en cuando … Hay que decir, 'No gracias'.

d ¡Bravo! Comes una dieta muy sana. ¡Que aproveche!

Con tu compañero/a, pregunta y contesta.

- ¿Con qué frecuencia bebes café?
- Lo bebo todos los días.

(masculine singular)

(masculine plural)

(feminine singular)

(feminine plural)

Gramática

Direct object pronouns replace nouns and usually come in front of the verb.

queso (masc. singular) → **Lo** como		*I eat it*
Coca-Cola (fem. singular) → **La** bebo		*I drink it*
caramelos (masc. plural) → **Los** como		*I eat them*
verduras (fem. plural) → **Las** como		*I eat them*

Para saber más página 125; ej. 1

Busca estas frases en español en el texto.

1. I am going to have a healthier diet.
2. I have to change my life.
3. I am going to eat fewer cakes.
4. from time to time I eat healthy food
5. I am never going to drink Coca-Cola.
6. I never eat them (crisps).
7. Never again.
8. I am going to eat more fruit and vegetables.

Pues… como caramelos y pasteles todos los días pero de vez en cuando como comida sana, pescado o huevos y ensalada. No me gustan nada las patatas fritas, nunca las como. Son demasiado grasientas. ¡Puagh!

Como demasiadas galletas de chocolate. Las como con leche. Bebo leche todos los días, también bebo café y Coca-Cola. La Coca-Cola no es sana.

Tengo que cambiar mi vida. Voy a tener una dieta más sana. Voy a comer mejor y voy a comer más fruta y verduras. También voy a comer menos pasteles.

Voy a beber mucha agua. Mi mamá dice que el agua es lo más sano que hay. Nunca voy a beber Coca-Cola. ¿Qué más? No voy a beber café. Nunca más.

grasiento = *fatty, greasy*

¿Qué comes? ¿Qué bebes? Escribe un texto utilizando el texto del ejercicio 5 como modelo.

Ejemplo: Pues … como verduras y fruta tres veces a la semana, pero …

Mini-test

I can
- name parts of the body
- say what hurts
- describe my symptoms and get a remedy
- name healthy and unhealthy food
- G use the verbs **tener** and **estar**
- G use direct object pronouns

4 La vida sana

- Talking about healthy living
- Using **para** to make more complex sentences

1 Escucha y escribe la letra correcta. (1–10)

*Para llevar una vida más sana **debes** …*

a

hacer deporte frecuentemente

b

dormir ocho horas al día

c

beber agua frecuentemente

d

comer más fruta y verduras

e

comer menos caramelos

*Para llevar una vida más sana **no debes** …*

f

comer comida basura

g

fumar cigarrillos

h
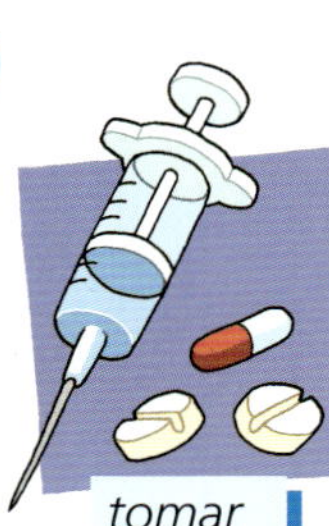
tomar drogas

i

beber alcohol

j
beber muchos refrescos

2 Juego de memoria. Con tu compañero/a, haz frases muy largas.

- Para llevar una vida más sana, debes comer menos caramelos …
- Para llevar una vida más sana, debes comer menos caramelos y beber agua frecuentemente …

- Para llevar una vida más sana, no debes fumar cigarrillos …
- Para llevar una vida más sana, no debes fumar cigarrillos o tomar drogas …

Gramática

deber means *to have to/must*. It is usually followed by another verb in the infinitive.

(yo)	debo		
(tú)	debes		
(él/ella)	debe	**Debes** comer más fruta.	***You must** eat more fruit.*
(nosotros/as)	debemos	**No debes** beber alcohol.	***You mustn't** drink alcohol.*
(vosotros/as)	debéis		
(ellos/ellas)	deben		

3 Escucha. Copia y rellena la tabla. (1–5)

	Positivo	Negativo	Consejos
1	huevos leche duerme 8 horas	pasteles refrescos	menos pasteles menos refrescos

Listen out for the verbs in the past tense:

bebí …	*I drank …*	jugué …	*I played …*
comí …	*I ate …*	salí …	*I went out …*
fumé …	*I smoked …*	vi …	*I watched …*
hice …	*I did …*		

4 **Lee los textos. Empareja las preguntas con las respuestas apropiadas.**

Ejemplo: **1** b

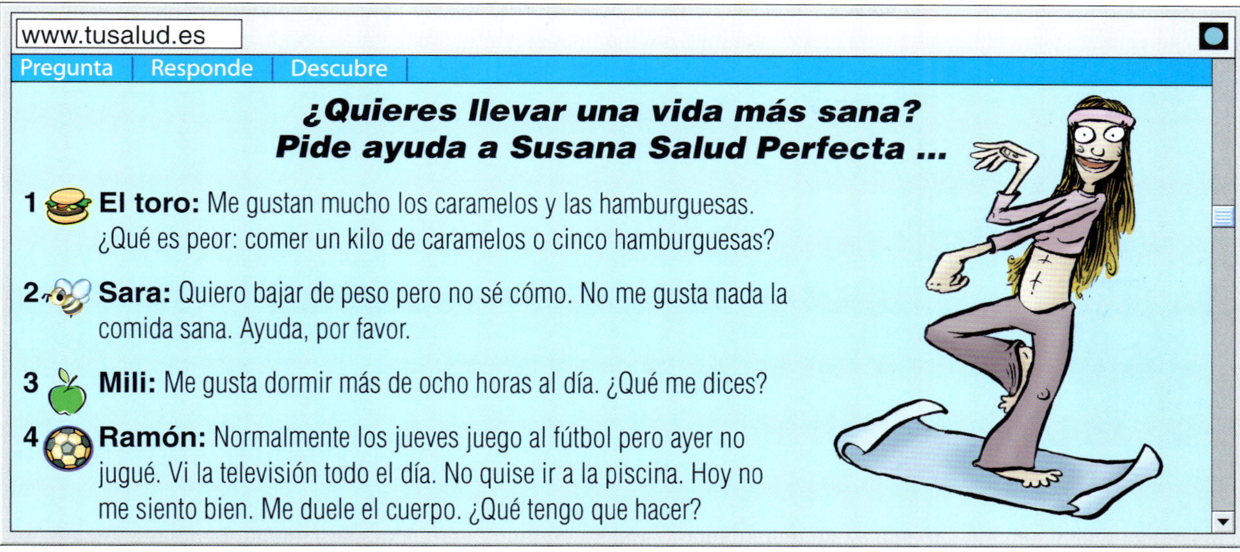

www.tusalud.es

Pregunta | Responde | Descubre

¿Quieres llevar una vida más sana? Pide ayuda a Susana Salud Perfecta …

1 **El toro:** Me gustan mucho los caramelos y las hamburguesas. ¿Qué es peor: comer un kilo de caramelos o cinco hamburguesas?

2 **Sara:** Quiero bajar de peso pero no sé cómo. No me gusta nada la comida sana. Ayuda, por favor.

3 **Mili:** Me gusta dormir más de ocho horas al día. ¿Qué me dices?

4 **Ramón:** Normalmente los jueves juego al fútbol pero ayer no jugué. Vi la televisión todo el día. No quise ir a la piscina. Hoy no me siento bien. Me duele el cuerpo. ¿Qué tengo que hacer?

www.tusalud.es

a Comer demasiada carne puede ser perjudicial para la salud. ¡Cuidado! Para comer bien, debes comer carne, verduras y fruta.

b ¿Es un chiste? ¡Qué horror! ¡No debes comer comida basura! Tu cuerpo necesita una dieta equilibrada. Hay que comer comida más sana y no olvides tu botella de agua, por favor.

c Haz una lista. ¿Qué vas a comer mañana? Debes comer fruta y verduras y debes beber agua. También debes hacer deporte frecuentemente, tres veces a la semana por lo menos si quieres bajar de peso.

d Debes salir y hacer deporte. ¡Muévete! ¿Qué haces enfrente de la televisión durante todo el día? ¿Vas a empezar a fumar también? Por favor, respétate.

e La regla de 'los tres ochos' – ocho horas para dormir, ocho para trabajar, ocho con tu familia – es una regla muy sana. Si duermes más, vas a tener problemas de insomnio.

bajar de peso = *lose weight*
no sé = *I don't know*
no quise = *I didn't want*
perjudicial = *bad, harmful*
cuidado = *be careful*
no olvides = *don't forget*

5 **Elige una pregunta a Susana y la respuesta correcta. Escribe un resumen en inglés.**

6 **Escribe un correo electrónico a Susana. Luego escribe sus consejos.**

(No) Me gusta comer/beber/tomar …
(No) Me gustan los caramelos/las verduras …
Ayer/El fin de semana pasado …
comí …/bebí …/fumé …/dormí …/vi …/escuché …
Quiero bajar de peso/llevar una vida más sana.
¿Qué debo hacer?

Para bajar de peso/llevar una vida más sana
debes/no debes …

5 Mis pecados

- Talking about lifestyle changes
- Using three tenses together

Escucha y lee. Contesta a las preguntas en inglés.

casi = *almost*
por eso = *that's why*

miespacio.com

miespacio *El lugar de los amigos*

Vídeos | Favoritos | Foros | Grupos | Música

Jorge

Edad: 19 años
Intereses: deporte, música y salir

Domingo 12 de mayo 9.00
Ayer por la noche salí con unos amigos. Primero fuimos al salón recreativo donde cantamos karaoke y después fuimos a la discoteca. Fue muy divertido. Bailé salsa casi toda la noche. Lo pasé bomba pero sólo dormí tres horas. También bebí una botella de vino. Comí 3 hamburguesas y fumé 10 cigarrillos. Más tarde fui a casa a pie y vomité en el parque. ¡Qué vergüenza!

Domingo 12 de mayo 11.00
Normalmente los domingos voy al polideportivo y juego al voleibol o hago natación. Pero ahora no me encuentro bien. Me duele la cabeza, tengo diarrea y estoy muy cansado. Por eso duermo mucho, veo un poco la televisión y leo. No como nada y sólo bebo agua. Buagh … Tengo que ir al baño …

Domingo 12 de mayo 16.00
A partir de hoy voy a llevar una vida más sana. Voy a comer bien y voy a beber al menos dos litros de agua al día. También voy a hacer deporte frecuentemente. Voy a dormir ocho horas y nunca más voy a fumar cigarrillos. No voy a beber alcohol. No voy a salir con mis amigos nunca más.

1. On the 11th May, where did Jorge go and what did he do there?
2. How much sleep did he get that night?
3. What did he eat and drink?
4. How did he get home?
5. What does he normally do on Sundays?
6. How is he feeling at 11 o'clock?
7. What are his symptoms?
8. Name four things he is going to do to change his life.
9. What has he decided to give up?
10. What is the last thing he mentions?

Gramática

Remember how these three tenses of different types of verbs work:

	Infinitive	**Preterite**	**Present tense**	**Near future tense**
-ar verbs	e.g. bailar *(to dance)*	bailé *(I danced)*	bailo *(I dance)*	voy a bailar *(I'm going to dance)*
-er and **-ir** verbs	e.g. comer *(to eat)*	comí *(I ate)*	como *(I eat)*	voy a comer *(I'm going to eat)*
Stem-changing verbs	e.g. jugar *(to play)*	jugué *(I played)*	juego *(I play)*	voy a jugar *(I'm going to play)*
Irregular verbs	e.g. ir *(to go)*	fui *(I went)*	voy *(I go)*	voy a ir *(I'm going to go)*

Para saber más página 131–2; ej. 15, 16

Busca los verbos en el texto del ejercicio 1.

Pretérito	Presente	Futuro inmediato
salí		

3 Con tu compañero/a, pregunta y contesta por Jorge.

1. ¿Adónde fuiste ayer por la noche?
2. ¿Cómo fue?
3. ¿Qué hiciste?
4. ¿Qué haces normalmente los domingos?
5. ¿Qué te pasa hoy?
6. ¿Qué comes y qué bebes?
7. ¿Qué vas a hacer para llevar una vida más sana?
8. ¿Qué no vas a hacer?

4 Copia el texto y rellena los espacios en blanco con palabras del cuadro.

Ejemplo: **1** salí

El fin de semana pasado (1) ______ con unos amigos. (2) ______ al salón recreativo donde jugamos al futbolín. Lo pasé muy bien. (3) ______ un café y (4) ______ un bocadillo. Mi amigo (5) ______ unos cigarrillos. No me gusta nada eso. Para llevar una vida sana no debes fumar. Más tarde (6) ______ a casa en autobús.

Normalmente el domingo (7) ______ al polideportivo. (8) ______ un poco al hockey y luego (9) ______ gimnasia. Me encanta la gimnasia.

Este fin de semana (10) ______ al cine. (11) ______ una película de artes marciales. Va a ser muy emocionante. El domingo (12) ______ mensajes y voy a escuchar música.

fui	voy a mandar	~~salí~~	hago
fuimos	voy a ir	bebí	fumó
voy	voy a ver	juego	comí

5 Escribe un blog donde hablas de tu vida.

Yesterday …	*Normally on Saturday …*	*Tomorrow …*
I went to the sports centre	*I go swimming*	*I am going to go out with some friends*
I played badminton	*I play volleyball*	*I am going to eat a hamburger*
I ate fruit	*I eat chicken and vegetables*	*I am going to sing karaoke*
I drank lots of water	*BUT it's boring*	*I am going to dance all night*
		It is going to be great! (Va a ser …)

Resumen

Unidad 1

I can

■	*name parts of the body*	la cabeza, el brazo, las piernas, los pies
■	*ask how long something has been a problem*	¿Desde hace cuánto tiempo?
■	*say how long something has been a problem*	Desde hace tres días/dos horas/una semana.
■	*say I don't feel well*	No me encuentro bien.
G	*use familiar and formal 'you' forms*	¿Qué **te** duele? ¿Qué **le** duele?
G	*use* **me duele** *and* **me duelen**	Me duele la espalda. Me duelen los ojos.

Unidad 2

I can

■	*describe different symptoms*	Estoy enfermo. Tengo fiebre. Tengo una picadura.
■	*ask someone what the matter is*	¿Qué te pasa? ¿Qué le pasa?
■	*suggest a remedy*	Hay que tomar este jarabe. Hay que beber agua.
■	*say how often a remedy should be used*	una vez al día, dos veces al día, por la mañana
G	*use* **tener** *and* **estar** *to talk about health problems*	Estoy cansado. Están enfermos. Tengo gripe. Tiene catarro.

Unidad 3

I can

■	*name healthy and unhealthy foods*	pescado, leche, agua, caramelos, pasteles
■	*ask how often someone eats something*	¿Con qué frecuencia comes verduras?
■	*use frequency expressions*	Nunca como verduras. Bebo agua de vez en cuando.
G	*use direct object pronouns*	Me gusta el pollo. **Lo** como dos veces a la semana. No me gusta mucho la fruta. No **la** como casi nunca.

Unidad 4

I can

■	*ask if someone leads a healthy life*	¿Llevas una vida sana?
■	*say what you need to do to live a healthy life*	Debes hacer deporte frecuentemente/comer más fruta/comer menos caramelos.
G	*use* **deber** + *infinitive*	**Debo** hacer deporte frecuentemente. **No debes** fumar cigarrillos y tomar drogas.
G	*use* **para** *to make more complex sentences*	Para llevar una vida más sana debes comer una dieta sana.

Unidad 5

I can

■	*talk about lifestyle changes*	A partir de hoy voy a llevar una vida más sana. Voy a comer bien. Voy a dormir ocho horas y nunca más voy a fumar cigarrillos.
G	*use three tenses together*	Ayer salí con unos amigos y bebí alcohol. Hoy no me encuentro bien. Mañana voy a ir al polideportivo.

1 **Escucha. Copia y rellena la tabla. (1–5)**

	Problema(s)	Causa	Remedio(s)
1	quemadura de sol espalda	fui a la playa	crema agua

2 **Con tu compañero/a, pregunta y contesta.**

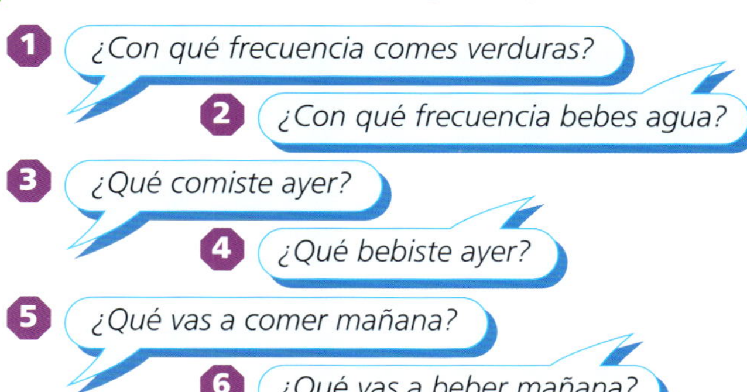

3 **Lee el texto. ¿Verdadero (V) o falso (F)?**

Ejemplo: **1** F

Ayer salí con unos amigos. Fuimos a la bolera y después comí patatas fritas y una hamburguesa en una cafetería. Me gusta mucho hacer deporte. Juego al fútbol los sábados y hago natación dos veces a la semana pero también me gusta comer hamburguesas. Nunca bebo alcohol. Casi nunca bebo refrescos.

Para llevar una vida más sana, debo comer más fruta y verduras y menos hamburguesas, lo sé … pero … ¡me gustan las hamburguesas!

Alicia

1 Alicia salió con sus hermanos.
2 Fue a la piscina y luego a la cafetería.
3 Le gusta mucho hacer deporte.
4 Juega al fútbol los sábados.
5 Bebe alcohol de vez en cuando.
6 Le encanta comer hamburguesas.

4 **Escribe un párrafo utilizando estas notas.**

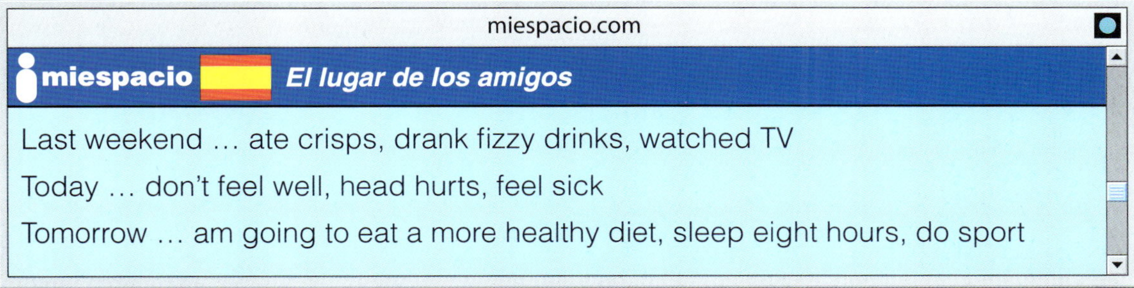

¡Extra! 1

- Practising using three tenses
- Using different reading strategies

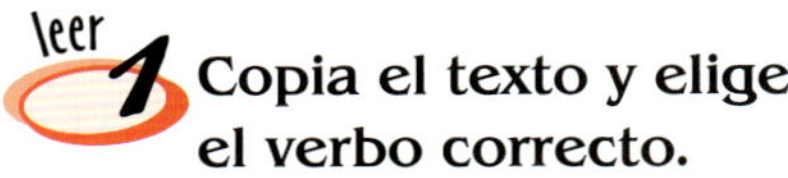

Copia el texto y elige el verbo correcto.

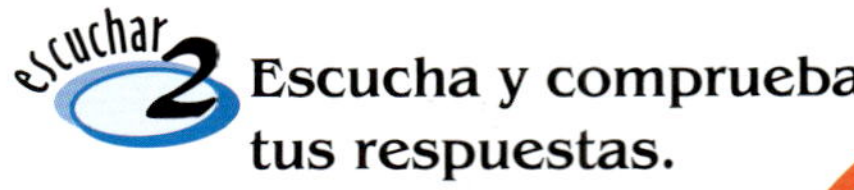

Escucha y comprueba tus respuestas.

El fin de semana pasado (1)**salgo / voy a salir / salí** con mi familia. Primero (2)**fuimos / vamos a ir / vamos** a un restaurante donde (3)**cenamos / vamos a cenar** y (4)**cantamos / vamos a cantar** karaoke. Después (5)**vamos / fuimos / vamos a ir** al cine. (6)**Fue / Va a ser / Es** muy divertido. (7)**Voy a beber / Bebí / Bebo** mucha agua porque es sana y (8)**comí / voy a comer / como** una paella. ¡Qué rica!

Ayer (9)**duermo / dormí / voy a dormir** ocho horas y hoy me siento muy bien. Normalmente, los domingos (10)**voy / voy a ir / fui** a la bolera con mis amigos a jugar a los bolos y luego (11)**vamos a ir / fuimos / vamos** a la cafetería, pero hoy mi padre quiere ir al estadio para ver un partido de fútbol. Me encanta el fútbol.

La semana que viene (12)**comí / voy a comer / como** bien y (13)**hago / hice / voy a hacer** mucho deporte como siempre. Eso es muy importante para llevar una vida sana. El lunes (14)**voy a hacer / hice / hago** natación, el martes (15)**juego / voy a jugar / jugué** al baloncesto y el jueves (16)**jugué / juego / voy a jugar** al fútbol.

Carolina

Con tu compañero/a, haz dos diálogos.

Escribe un párrafo utilizando los dibujos del ejercicio 3.

- ¿Qué hiciste el fin de semana pasado?
- ¿Qué haces normalmente los domingos?
- ¿Qué vas a hacer la semana que viene?

	A	B
El fin de semana pasado	con mis amigos.	con mi hermano.
Primero … donde		
Después		
Fue		
Normalmente, los domingos	con mis amigos.	en casa
y luego		
pero hoy mi … quiere	madre	hermano
La semana que viene … porque es importante.	mucho deporte	comida sana
El lunes		
El martes		
y el jueves		

5 Escucha y lee el texto. Luego completa las frases en inglés.

Ejemplo: **1** The number of overweight children in Spain has tripled in the last fifteen years.

To help you understand the text, use:
- your knowledge of healthy living
- cognates
- context
- common sense.

La obesidad en España

El número de niños obesos en España se ha triplicado en los últimos quince años. En este tiempo, el porcentaje ha pasado del 5% al 14%. Este aumento se deriva principalmente del abandono de la dieta mediterránea – consumo deficiente de frutas, verduras y pescado, en favor de la comida rápida y los alimentos ricos en hidratos de carbono y grasas saturadas, como la carne y el queso – y un estilo de vida cada vez menos activo.

Menos tele, más deporte

La práctica regular de ejercicio físico es muy importante. Actualmente, la mayoría de los niños que viven en los países desarrollados llevan un estilo de vida sedentario. Se pasan las tardes sentados frente al televisor o jugando con la videoconsola.

1 The number of overweight children in Spain has ______ in the last fifteen years.
2 The percentage has risen from 5% to ______.
3 This increase is due to people abandoning the ______ ______.
4 They don't eat enough ______, ______ or ______.
5 They eat too much food rich in saturated fats, such as ______ and ______.
6 They also have a less active ______.
7 Regular ______ ______ is very important.
8 Children in developed countries spend too much time in front of the ______ or playing ______.

6 Lee el texto otra vez. Busca el equivalente de estas palabras y frases en español.

Ejemplo: **1** el porcentaje

1 the percentage
2 the majority
3 fast food
4 in front of
5 overweight children
6 playing with
7 physical exercise
8 lifestyle

7 Contesta a las preguntas en español.

1 ¿Qué **no** comen los niños obesos en España?
2 ¿Qué comen?
3 ¿Qué hacen por las tardes?

¡Extra! 2

- Learning about the Mediterranean diet
- Writing an advert

Escucha y mira la pirámide. Pon las frases en el orden que entiendes.

Ejemplo: **b**, …

a *Pero no se debe comer mucha carne roja: se puede comer algunas veces al mes.*

b *La dieta mediterránea tiene muchos beneficios para la salud.*

c *Se puede beber vino tinto con moderación. El vino tinto es mejor para la salud que el vino blanco.*

d *Por ejemplo, en España, se come mucha fruta y verduras.*

CADA MES

Carnes rojas

CADA SEMANA

Dulces Huevos

Pollo Pescado

A DIARIO

Queso Yogur

Aceite de oliva Vino

Fruta Frutos secos Judías y legumbres Verduras

Pan, pasta, arroz, cereales y patatas

e *… y se come cada semana pescado, pollo y huevos.*

f *También se come a diario pan, pasta, arroz, cereales o patatas.*

g *El aceite de oliva también es muy importante en la dieta mediterránea, …*

se come = *is eaten*
a diario = *every day*
cada semana = *each week*
algunas veces al mes = *a few times per month*

Contesta a las preguntas utilizando una frase entera.

Ejemplo: **1** En la dieta mediterránea se come a diario pan, pasta, arroz, cereales o patatas.

En la dieta mediterránea …

1 ¿qué se come a diario?
2 ¿qué se puede beber con moderación?
3 ¿qué es muy importante?
4 ¿qué se come cada semana?
5 ¿qué no se debe comer mucho?

Escucha a Polita y a Pepe. Copia y completa las frases para cada persona.

a Le gusta comer …
b … son buenos para la salud pero no le gustan.
c Ayer comió …
d Esta tarde va a comer …

4 Con tu compañero/a, pregunta y contesta utilizando las respuestas del ejercicio 3 y la pirámide del ejercicio 1.

- ¿Qué te gusta comer?
- ¿Qué no te gusta?
- ¿Qué comiste ayer?
- ¿Qué vas a comer esta tarde?

5 Escucha y lee. Copia los verbos subrayados y luego empareja el inglés con el español.

Ejemplo: entró en – has arrived in

La yerba mate

como el café, pero con beneficios para la salud

La yerba mate, una bebida típica de Argentina, Uruguay y Paraguay, ya entró en los Estados Unidos y fue adoptada por varias celebridades y actores: Madonna, Alicia Silverstone, Antonio Banderas y Melanie Griffith.

La yerba mate estimula la actividad física, elimina la fatiga y también tiene efectos beneficiosos sobre los músculos y los nervios. La yerba mate puede ser comparada con el café, pero sus efectos estimulantes no producen ni insomnio ni irritabilidad. Contiene vitaminas del complejo B que llevan azúcar a los músculos y vitaminas C y E que actúan como defensas del cuerpo.

don't produce | *has been adopted* | *eliminates* | *can be compared*
stimulates | *contains* | *act* | *deliver* | *has arrived in*

6 ¿Qué significan estas frases del texto? Comprueba tus respuestas utilizando el diccionario.

Ejemplo: **1** benefits (for health)

1 beneficios (para la salud)
2 varias celebridades
3 la actividad física
4 la fatiga
5 los músculos y los nervios
6 irritabilidad

7 Write an advert for Cola Cao, using vocabulary from the text above and expressions from the box.

¡Compra Cola Cao!	*Buy Cola Cao!*
¡Bebe ...!	*Drink ...!*
¡Disfruta ...!	*Enjoy ...!*
¡Prueba ...!	*Try ...!*

Palabras

El cuerpo	The body
el brazo	arm
el estómago	stomach
el pie	foot
la boca	mouth
la cabeza	head
la espalda	back
la garganta	throat
la mano	hand
la nariz	nose
la pierna	leg
la rodilla	knee
las muelas	teeth
los dedos	fingers
los oídos	ears
los ojos	eyes

¿Qué te duele?	*What hurts (familiar)?*
¿Qué le duele?	*What hurts (formal)?*
Me duele la pierna.	*My foot hurts.*
Me duelen las muelas.	*My teeth hurt.*
¿Desde hace cuánto tiempo?	*For how long?*
Desde hace …	*For …*
dos horas	*two hours*
tres días	*three days*
una semana	*a week*
¿Te duele mucho?	*Does it hurt a lot?*
Sí, me duele muchísimo	*Yes, it really hurts a lot.*
Me duele un poco.	*It hurts a little.*
No es nada.	*It's nothing.*

¿Qué te pasa?	What's the matter?
¿Qué le pasa?	*What's the matter (formal)?*
No me encuentro bien.	*I don't feel well.*
Estoy cansado/a.	*I'm tired.*
Estoy enfermo/a.	*I'm ill.*
Tengo catarro.	*I've got a cold.*
Tengo diarrea.	*I've got diarrhoea.*
Tengo fiebre.	*I've got a temperature.*
Tengo gripe.	*I've got flu.*
Tengo tos.	*I've got a cough.*
Tengo una picadura.	*I've been stung.*
Tengo una quemadura de sol.	*I've got sunburn.*
Tengo vómitos.	*I've been sick.*

Hay que …	You have to …
beber agua	*drink water*
tomar estas aspirinas	*take these aspirins*
tomar estas pastillas	*take these tablets*
tomar este jarabe	*take this syrup*
usar esta crema	*use this cream*

una vez al día	*once a day*
dos veces al día	*twice a day*
tres veces al día	*three times a day*
por la mañana	*in the morning*
por la tarde	*in the afternoon/ evening*

Una dieta sana	A healthy diet
la comida sana	*healthy food*
la comida malsana	*unhealthy food*
el agua (f)	*water*
el café	*coffee*
el pescado	*fish*
la fruta	*fruit*
la leche	*milk*
las galletas	*biscuits*
las patatas fritas	*chips*
las verduras	*vegetables*
los caramelos	*sweets*
los huevos	*eggs*
los pasteles	*cakes*

¿Con qué frecuencia bebes café?	*How often do you drink coffee?*
Lo bebo todos los días.	*I drink it every day.*
¿Con qué frecuencia comes caramelos?	*How often do you eat sweets?*
Los como una vez a la semana.	*I eat them once a week.*
¿Con qué frecuencia comes fruta?	*How often do you eat fruit?*
La como de vez en cuando.	*I eat it from time to time.*

¿Con qué frecuencia comes patatas fritas?	*How often do you eat chips?*
Las como una vez al mes.	*I eat them once a month.*

La vida sana	***Healthy living***
Para llevar una vida más sana, (no) debes …	*To lead a healthier life you should (not) …*
beber agua frecuentemente	*drink water often*
beber alcohol	*drink alcohol*
beber muchos refrescos	*drink a lot of fizzy drinks*
comer comida basura	*eat junk food*
comer más fruta y verduras	*eat more fruit and vegetables*
comer menos caramelos	*eat fewer sweets*
dormir ocho horas al día	*sleep eight hours a night*
fumar cigarrillos	*smoke cigarettes*
hacer deporte frecuentemente	*do sport often*
tomar drogas	*take drugs*
Quiero bajar de peso.	*I want to lose weight.*
Quiero llevar una vida más sana.	*I want to lead a healthier life.*
¿Qué debo hacer?	*What must I do?*

Una vida más sana	***A healthier life***
Voy a llevar una vida más sana.	*I'm going to lead a healthier life.*
Voy a comer bien.	*I'm going to eat well.*
No voy a beber alcohol.	*I'm not going to drink alcohol.*
Nunca más voy a fumar cigarrillos.	*I'm never going to smoke cigarettes again.*

Palabras muy útiles	***Very useful words***
desde hace	*for (length of time)*
nunca	*never*
de vez en cuando	*from time to time*
para	*in order to*
ayer	*yesterday*
normalmente	*normally*
hoy	*today*
mañana	*tomorrow*

Estrategia

Learning new vocabulary

- Make your own word games. For example, write down the Spanish words you need to learn in one column and their English translations in another. Cut them up and play a game of pairs. Say each Spanish word to yourself as you pick it up.

la mano	hand
la pierna	leg
el pie	foot

- Next, take your learning further. In your vocabulary lists, highlight the words you definitely know in green. Highlight the ones you don't know in pink. Work harder at learning the pink words. When you think you know a pink word, draw a star by it.

1 Mi dinero

- Talking about earning and spending money
- Using third-person verb forms

1 Escucha y escribe las letras correctas. (1–8)

Ejemplo: **1** c, f

¿Qué haces para ganar dinero?

a 
b 
c 
d 
e 

f 
g
h
i 
j

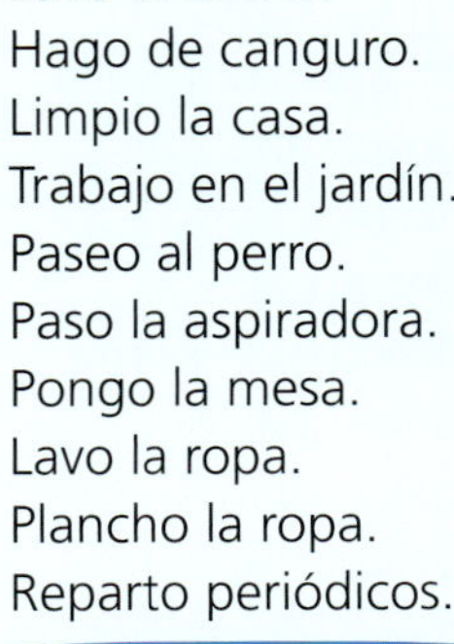

Lavo el coche.
Hago de canguro.
Limpio la casa.
Trabajo en el jardín.
Paseo al perro.
Paso la aspiradora.
Pongo la mesa.
Lavo la ropa.
Plancho la ropa.
Reparto periódicos.

leer 2 Empareja las fotos con las frases correctas.

Ejemplo: **1** f

¿Qué haces con tu dinero?

a *Compro maquillaje.*
b *Compro CDs o DVDs.*
c *Compro ropa.*
d *Compro videojuegos.*
e *Compro crédito para mi móvil.*
f *Compro revistas.*
g *Compro chocolate y caramelos.*
h *Ahorro.*

1 
2 
3 
4 
5 
6 
7 
8 

hablar 3 Con tu compañero/a, pregunta y contesta.

- ¿Qué haces para ganar dinero?
- Lavo el coche y también hago de canguro.
- ¿Qué haces con tu dinero?
- Compro revistas y a veces compro CDs o DVDs.
- ¿Ahorras también?
- No, no ahorro.

Escucha y rellena la tabla. *(Use the letters from exercise 1)*

Nombre	¿Qué hace?	¿Con qué frecuencia?	¿Qué compra?	¿Ahorra?
Carolina	g	a veces	caramelos	✗

Tomás
Marta
Fernando
Javier
Carolina

Write up your answers to exercise 4 using 'he/she' verb forms.

Ejemplo: **1** Carolina pone la mesa a veces. Con el dinero compra caramelos. No ahorra.

lavar
hacer
limpiar
trabajar
pasear
pasar
poner
lavar
planchar
repartir

Gramática

1st person ('I') and 3rd person ('he/she') verb endings in the present tense:

-ar verbs (e.g. **trabajar**)	**-er** and **-ir** verbs (e.g. **repartir**)
trabaj**o** *(I work)*	repart**o** *(I deliver)*
trabaj**a** *(he/she works)*	repart**e** *(he/she delivers)*

Hacer and **poner** are irregular in the 1st person:

pon**go** *(I put, lay)*, pon**e** *(he/she puts, lays)*
ha**go** *(I do, make)*, ha**ce** *(he/she does, makes)*

Para saber más **página 127–8; ej. 7**

Escribe los verbos correctos según el contexto. Escucha y comprueba tus respuestas.

trabaja hace reparte prefiere compra
pasea compra ~~quiere~~ plancha pone

Aurora no (1)quiere *ahorrar,*
tiene poco dinero
porque le encanta gastar.

Gana mucho dinero todos los días
y luego, cuando puede, (2)____ *caramelos.*
(3)____ *de canguro, lava y* (4)____ *la ropa,*
va a la cafetería donde toma una sopa.
Luego va directa al centro comercial
y (5)____ *crédito para su móvil.*

Aurora no quiere ahorrar,
tiene poco dinero
porque le encanta gastar.

(6)____ *al perro y* (7)____ *periódicos,*
luego compra caramelos y videojuegos.
(8)____ *mucho,* (9)____ *la mesa,*
compra DVDs y a veces revistas.
Aurora nunca compra maquillaje,
(10)____ *de vez en cuando ir de viaje …*

Aurora no quiere ahorrar,
tiene poco dinero
porque le encanta gastar.

gastar = *to spend*

2 ¿Qué te gustaría hacer?

- Talking about what you would like to do
- Using **me gustaría**

¿Quién habla? Escucha y escribe el nombre correcto. (1–9)

¿Qué te gustaría hacer?

Me gustaría trabajar con niños.

Dolores

Me gustaría trabajar con animales.

Belén

Me gustaría trabajar en una oficina.

Iñaki

Me gustaría trabajar al aire libre.

Miguel

Me gustaría trabajar solo.

José

Me gustaría trabajar en contacto con la gente.

Katia

Me gustaría viajar.

Elena

Me gustaría hacer un trabajo creativo.

Diego

Me gustaría hacer un trabajo manual.

Ramón

Gramática

You use **me gustaría**, the conditional of **me gusta**, followed by an infinitive to say what you *would* (or *wouldn't*) *like* to do.

¿Qué te gustaría hacer?	*What would you like to do?*
Me gustaría viajar al espacio.	*I'd like to travel into space.*
No me gustaría trabajar con animales.	*I wouldn't like to work with animals.*

Para saber más **página 131**

Con tu compañero/a, pregunta y contesta.

1 ***¿Te gustaría trabajar con niños o con animales?***
2 ***¿Te gustaría trabajar en una oficina o al aire libre?***
3 ***¿Te gustaría trabajar solo/sola o en contacto con la gente?***
4 ***¿Te gustaría viajar?***
5 ***¿Te gustaría hacer un trabajo creativo o un trabajo manual?***

Me gustaría Pero no me gustaría	trabajar … hacer … viajar

"When there are two vowels together, make sure you pronounce both sounds. In English they sometimes merge, e.g. 'air'. Listen and practise saying these words.

***ai**re **via**jar*
*cr**ea**tivo man**ua**l*"

Escucha y lee los textos. Pon los adjetivos en verde en la columna correcta. Luego completa la tabla.

Masculino	Femenino	Inglés
ambicioso	ambiciosa	ambitious

1 No soy **ambiciosa**. Soy **independiente** como mi gato. Me encanta pasar tiempo con mi gato.
2 Soy **creativo** pero **práctico**. Me interesa el diseño.
3 Soy bastante **extrovertida** y **paciente**. Quiero ser profesora.
4 Soy **inteligente** y **organizado**. Me encanta la informática. No me gustaría nada trabajar al aire libre.
5 Soy muy **activa** y **dinámica**. Tengo mucha energía. Me gustaría visitar otros países.
6 Soy bastante **serio**. No soy muy **hablador**. No me gustaría trabajar en contacto con la gente.
7 Soy activo, **trabajador** y **fuerte**.
8 Soy extrovertida y muy habladora. No me gustaría nada trabajar **sola**.
9 No me gustaría nada trabajar en una oficina. ¡Qué horror! ¡Qué aburrido!

Gramática

Adjectives

Adjectives ending in
-o (masc.) → **-a** (fem.)
-e (masc.) = **-e** (fem.)

Some adjectives ending in consonant (masc.) + **-a** (fem.)
hablador → habladora

Para saber más página 126; ej. 2

¿Quién habla? Lee los textos del ejercicio 3 otra vez y escribe el nombre de la persona del ejercicio 1.

Escucha y lee los textos.

For each person, explain in English:
1 What sort of person he or she is.
2 What is important/unimportant to him or her in a job.

What is the English equivalent of the ending **-dad**?

Soy imaginativo. Me gustan el dibujo y el diseño. La creatividad es importante para mí, por eso quiero un trabajo creativo. El dinero no es importante para mí.

A mí me gustaría viajar y visitar otros países, especialmente Japón. Pero no me gustaría trabajar en contacto con la gente, prefiero trabajar solo, soy muy independiente. Mi trabajo ideal es ser dibujante de cómics Manga.

Paco

Soy inteligente y muy organizada. Soy seria pero nunca soy aburrida. Me gustaría trabajar en contacto con la gente. Viajar no es importante para mí.

Prefiero trabajar en un laboratorio. La variedad en el trabajo es importante para mí, y quiero tener muchas responsabilidades. Mi trabajo ideal es ser detective como en CSI.

María

Describe lo que te gustaría hacer.

Soy ... No/Nunca soy ...
(No) me gustaría trabajar ...
... (no) es importante para mí.

3 ¿En qué trabajas?

- Talking about jobs
- Using masculine and feminine job titles

Escucha y lee. Luego empareja cada persona con la profesión correcta.

1
Me llamo Alicia. Trabajo en una comisaría. Tener responsabilidades es importante para mí. Soy bastante ambiciosa y me gusta trabajar en contacto con la gente. Tengo que llevar uniforme.

2
Me llamo Raquel. Me gusta mucho mi trabajo pero es difícil. Me gusta la variedad y tener responsabilidades. Soy profesional y estoy muy cualificada. También soy inteligente y seria. A veces trabajo en una oficina y a veces en un tribunal.

3
Me llamo Carlos. Trabajo en los estudios de Hollywood donde ruedo películas de acción o de aventura. Soy muy activo. Conduzco todo tipo de vehículos. Hago saltos y acrobacias mortales. Trabajo solo, por supuesto, pero siempre con la ayuda de un equipo enorme. La variedad es importante para mí.

4
Me llamo Pepe. Trabajo en la cocina de un restaurante con un equipo muy grande. Soy muy trabajador. Empiezo muy temprano y termino por la noche. La variedad es muy importante para mí y la calidad de la comida también.

5
Me llamo Antonia. Trabajo en una oficina con mucha gente. Me gusta trabajar en equipo. Mi trabajo es creativo y soy muy activa e imaginativa. El dinero y la creatividad son importantes en mi trabajo.

a

Soy conductor especialista.

b

Soy diseñadora.

c

Soy cocinero.

d

Soy policía.

e

Soy abogada.

When giving a profession with **ser**, you don't use an article:

Soy abogado. *I'm a lawyer.*
¿Eres recepcionista? *Are you a receptionist?*

The words for many jobs end in **-o** in the masculine and **-a** in the feminine, but some are the same in both, e.g. **policía**.

Lee los textos otra vez. Copia y rellena la tabla.

	¿En qué trabaja?	¿Dónde trabaja?	¿Qué tipo de persona es?	¿Qué es lo más importante para él/ella?
1	*policía*	*comisaría*	*ambiciosa*	*la responsabilidad*

Con tu compañero/a, pregunta y contesta por las personas del ejercicio 1.

- ¿En qué trabajas?
- ¿Dónde trabajas?
- ¿Qué tipo de persona eres?
- ¿Qué es lo más importante en el trabajo para ti?

- Soy policía.
- Trabajo en una comisaría.
- Soy ambiciosa.
- Tener responsabilidades es importante para mí.

¿Masculino o femenino? Copia y rellena la tabla. Utiliza un diccionario si lo necesitas.

Masculino	Femenino	Inglés
profesor	profesora	teacher

~~profesor~~ actriz
comerciante cantante
ingeniero médico
futbolista periodista
dentista recepcionista
camarero enfermero

Escucha y apunta los datos siguientes.

Nombre: Jorge
Profesión: bailador de flamenco
Dónde trabajas:
Con quién:
Tipo de persona:
Lo más importante:
El año pasado:
Fui a …
Trabajé en …
Lo pasé …

Nombre: Elsa
Profesión: torera
Dónde trabajas:
Con quién:
Tipo de persona:
Lo más importante:
El año pasado:
Fui a …
Trabajé en …
Lo pasé …

Eres Patricia, actriz. Escribe un párrafo.

Ejemplo: Me llamo Patricia. Soy actriz …

Profesión: actriz
Dónde: Madrid
Con quién: actores
Tipo de persona: extrovertida, activa, ambiciosa
Lo más importante: la variedad, la creatividad, el dinero
El año pasado:
Fui a … Los Ángeles
Trabajé en … Hollywood
Lo pasé … fenomenal

Mini-test

I can

- talk about earning and spending money
- say what sort of work I'd like to do
- talk about jobs
- say what I'm like and what's important to me
- G use third-person verb forms in the present tense
- G use **me gustaría**
- G use masculine and feminine job titles

4 Me gustan los idiomas

- Talking about using languages at work
- Using three tenses together

1 Escucha y lee. Escribe cinco datos sobre Henry.

Me llamo Henry. Soy inglés. Trabajo en el sector del turismo. Soy representante de Costa Blanca Tours en Marbella. En mi trabajo hay mucha variedad y eso es importante para mí. Cada día es diferente.

Los idiomas son muy importantes en mi trabajo porque los utilizo mucho. Hablo inglés, por supuesto. Hablo bien español y francés, y hablo un poco de alemán. A veces traduzco para otras personas. Me encantan los idiomas.

Trabajo principalmente en contacto con la gente. Me gusta mucho ayudar a la gente. Hablo con los clientes que son por lo general de Inglaterra, Francia o Alemania. Normalmente no hablan español. También hablo con todos los empleados del hotel (los camareros, la recepcionista, el cocinero, etc.) en español.

Hago reservas para los clientes y a menudo resuelvo pequeños problemas. Hablo mucho por teléfono y también mando correos en inglés, francés, español y alemán.

A veces voy de excursión con mis clientes pero normalmente me quedo en el hotel para estar disponible en todo momento.

alemán = *German*
ayudar = *to help*
disponible = *available*

The personal *a*

When the direct object of a verb is a person, you need to use the personal **a**. This has no translation in English.

Me gusta ayudar **a** la gente. *I like to help people.*
Conozco **a** tu hermana. *I know your sister.*

2 Busca el equivalente de estos verbos en el texto.

Ejemplo: **1** trabajo

1 I work	**3** there is	**5** I translate	**7** I solve	**9** I go
2 I am	**4** I speak	**6** I make	**8** I send	**10** I stay

3 Con tu compañero/a, pregunta y contesta por Henry.

- ¿En qué trabajas?
- Soy …
- ¿Qué idiomas hablas?
- Hablo …
- ¿Por qué son importantes los idiomas para ti?
- Porque …
- ¿Cómo utilizas los idiomas en tu trabajo?
- Traduzco …

4 Escucha. Copia y completa el texto con las palabras del cuadro. (Sobran dos palabras.)

Me llamo Kirsty. Soy escocesa. El año pasado trabajé en un restaurante en Ibiza como (1) camarera. Puse las mesas, serví comida, lavé los platos y limpié el restaurante después de la cena. ¡Qué explotación! Gané mucho (2) ______ pero no me gustó mucho el trabajo.

Este año trabajo en un hotel y me gusta mucho. Mandé mi currículum a una oferta que vi en un periódico. Trabajo como recepcionista. Hablo con la (3) ______. Hablo inglés y español. Traduzco a veces. Resuelvo (4) ______ y hablo mucho por teléfono.

El año que viene voy a estudiar (5) ______. Saber (6) ______ es útil para viajar y conocer a mucha gente. Voy a viajar mucho y voy a trabajar en otros países. Me gustaría ser directora de un hotel en América del Sur. Conocer la cultura de otros países es una experiencia muy, muy positiva.

servir = *to serve*

clientes	gente	idiomas	problemas
dinero	camarera	alemán	francés

conocer *to know a person or place*
saber *to know a fact or how to do something*

5 Tres de estas frases son verdaderas. Escribe los números correctos.

1 El año pasado Kirsty trabajó en un restaurante en Madrid.
2 Le gustó el trabajo pero no ganó mucho dinero.
3 Este año trabaja como recepcionista.
4 Habla inglés y español y el año que viene va a estudiar francés.
5 Quiere ser directora de un hotel en América del Sur.
6 No va a viajar porque no le gustan los aviones.
7 El dinero es muy importante para ella.

6 Prepara una presentación sobre el trabajo utilizando los datos y los verbos siguientes.

Past (preterite)	Now (present tense)	Future (near future tense)
Worked in restaurant	Works in office	Going to:
Washed plates	Talks to people	Study French
Cleaned bar	Talks on phone	Work in hotel
Earned lots	Solves problems	Work abroad
Didn't like it	Sends emails	Travel
trabajé	**trabajo**	**voy a estudiar**
lavé	**hablo**	**voy a trabajar**
limpié	**resuelvo**	**voy a viajar**
gané	**mando**	
no me gustó		

5 ¡Ganaré la lotería!

- Talking about winning the lottery
- Using the future tense

¿Qué harás si ganas la lotería?

1 **Escucha y escribe las letras en el orden correcto. (1–10)**

Ejemplo: **1** g

a

Me casaré con Penélope Cruz.

b

Comeré en restaurantes.

c

Tendré un entrenador personal.

d

No trabajaré.

e

Beberé cócteles.

f

Compraré un coche muy caro.

g

Viajaré mucho.

h

Jugaré al póquer en mi casino privado.

i

Iré a la sauna todos los días.

j

Seré famoso.

Gramática

The future tense

You can use **ir a** + infinitive (the near future tense) to say what you *are going to* do:

Voy a jugar al póquer. *I'm going to play poker.*

But to say what *will* happen, you use the 'real' future tense. For regular verbs, add these endings to the infinitive:

comprar	***to buy***
compra**ré**	*I will buy*
compra**rás**	*you will buy (singular)*
compra**rá**	*he/she will buy*
compra**remos**	*we will buy*
compra**réis**	*you will buy (plural)*
compra**rán**	*they will buy*

A few verbs have an irregular stem, but the same future endings:

tener *(to have)*	**Tendr**é cinco niños. *I will have five children.*
hacer *(to do, make)*	¿Qué **har**ás si ganas la lotería? *What will you do if you win the lottery?*

Para saber más **página 130–1; ej. 14**

2 **Escucha y apunta en inglés. (1–5)**

Ejemplo: **1** will buy expensive car, will buy private plane

Escucha otra vez. Pon estas frases en el orden correcto.

Ejemplo: f, …

a	¡Qué rico!	*How delicious!*	**e**	¡Qué bien!	*Great!*
b	A ver …	*Let's see …*	**f**	Dime …	*Tell me …*
c	¡Mucha suerte!	*Good luck!*	**g**	Pues …	*Well …*
d	¡Ojalá que sí!	*Let's hope so!*	**h**	Por supuesto	*Of course …*

Empareja los textos con el dibujo correcto. Traduce los textos al inglés

Ejemplo: **1** c

1 *No trabajaré. Tendré un entrenador y un gimnasio privado. También tendré una sauna y una piscina privada. Nunca más limpiaré la casa. Nunca más pasaré la aspiradora.*

2 *Iré a la sauna todos los días. Beberé champán y comeré fruta. Tendré muchos amigos famosos. Nunca más haré de canguro.*

3 *No compraré nada. No cambiaré mi vida. Trabajaré en la oficina y seré una persona completamente normal.*

4 *Compraré una casa en Beverly Hills y me casaré con Justin Timberlake. Tendré dos hijos.*

a

b

c

d

Haz entrevistas con tres compañeros/as de clase. Utiliza las expresiones del ejercicio 3.

- ¿Qué harás si ganas la lotería?

Compraré	Iré
Tendré	Seré
Comeré	Me casaré con
Beberé	Viajaré

Nunca más …	
lavaré	limpiaré
pasaré	haré
trabajaré	

Make your conversation as creative as possible. Think of all the things you will buy: mobile phones, computer, DVDs, a car …
What will you eat and drink?
What won't you do?

¿Qué harás si ganas la lotería? Escribe un párrafo.

Ejemplo: Si gano la lotería …

- *Use a variety of verbs in the future tense.*
- *Include some negative expressions, e.g.* **no** *(not),* **nunca más** *(never again).*
- *Use a dictionary to look up new vocabulary if necessary, but make sure you choose the right word. (Double-check in the Spanish–English half of the dictionary.)*

Resumen

Unidad 1

I can

■ *ask someone what they do to earn money*	¿Qué haces para ganar dinero?
■ *talk about earning money*	Lavo el coche. Paseo al perro. Pongo la mesa.
■ *say what I do with my money*	Compro crédito para mi móvil. Ahorro.
G *use third-person forms of the present tense*	Reparte periódicos. Pone la mesa. Compra caramelos.

Unidad 2

I can

■ *ask someone what they'd like to do*	¿Qué te gustaría hacer?
■ *talk about what I'd like to do*	Me gustaría viajar. No me gustaría trabajar solo.
■ *say what sort of person I am*	No soy ambiciosa. Soy independiente como mi gato.
■ *say what is important to me in a job*	La variedad es importante para mí.
G *form adjectives correctly*	Soy muy activ**a** y dinámic**a**. Soy activ**o**, trabajador y fuert**e**.
G *use the conditional of* **gustar**	Me **gustaría** trabajar solo. ¿Te **gustaría** viajar?

Unidad 3

I can

■ *talk about jobs*	Soy conductor/abogada/policía/cocinero.
■ *ask someone about their job*	¿En qué trabajas? ¿Dónde trabajas? ¿Qué tipo de persona eres?

Unidad 4

I can

■ *talk about using languages at work*	Hablo mucho por teléfono y también mando correos en inglés, francés y alemán.
■ *say why languages are important*	Con los idiomas se puede viajar y conocer a mucha gente.
G *use three tenses together*	El año pasado trabajé en un restaurante en Ibiza. Este año trabajo en un hotel y me gusta mucho. El año que viene voy a estudiar francés.
G *use verbs with the personal* **a**	Me gusta ayudar **a** la gente.

Unidad 5

I can

■ *say what I will do if I win the lottery*	Tendré un entrenador. No trabajaré. Beberé cócteles. Compraré un coche muy caro.
■ *use expressions that make my Spanish sound authentic*	Dime …, ¡Qué bien!, ¡Ojalá que sí!
G *use the future tense*	**Iré** a la sauna todos los días. **Tendré** muchos amigos. Nunca más **haré** de canguro.

Prepárate

Escucha y escribe la letra correcta en la columna apropiada. (1–4)

	Pasado	Presente
1	*a*	

a b c d e f g h

¿Qué harás si ganas la lotería?
Con tu compañero/a, pregunta y contesta.

Lee el texto. Copia y completa el resumen en inglés.

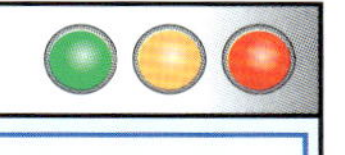

Me llamo Patricia. Trabajo mucho para ganar dinero. El dinero es muy importante para mí. Limpio la casa, lavo y plancho la ropa. Pongo la mesa y paseo al perro. Gano mucho dinero pero no me gusta el trabajo. Con mi dinero compro revistas y crédito para mi móvil. Soy habladora. Me encanta hablar por teléfono. Soy bastante extrovertida y también soy inteligente, trabajadora, creativa y paciente. La variedad es importante para mí, por eso me gustaría trabajar con niños en el futuro.

To earn money, Patricia cleans the house, ...
With her money she buys ...
She is quite ... and also ...
... are important to Patricia.
She would like to ...

Escribe un párrafo sobre ti.
Incluye los siguientes datos.

- wash car and work in garden to earn money
- would like to work in open air
- would like to work with people
- will travel if I win lottery
- will buy large house if I win lottery

- Coping with authentic texts
- Understanding the language of job adverts

1 **Lee los anuncios y busca el equivalente en español de estas palabras y frases.**

1 vacancy
2 salary
3 hours
4 working day
5 requirements
6 experience
7 qualifications
8 term

Authentic texts can seem hard, but you don't always need to understand everything.

- Skim through the texts first, to see how much you can understand.
- Then look at the questions, to see what else you need to find out.
- Do as much as possible without using a dictionary.
- Try to avoid looking up every word you don't know.

www.jobs.es

Jobs.es

Acceso candidatos

Recepcionista

Fecha de la oferta: 02–05
Nombre de la empresa: Outsourcing Signo Servicios Integrales Grupo Norte, S.L.

Descripción
Puesto vacante: Recepcionista
Número de vacantes: 1
Descripción de la oferta: Buscamos recepcionista para administración pública que tenga disponibilidad total para trabajar por las tardes de 14,15 a 20,30.
Pensamos en una persona con experiencia en centralita telefónica, conocimientos de informática a nivel de usuario y que sea bilingüe catalán castellano.

Requisitos
Estudios mínimos: Formación Profesional Grado Medio – Administración
Experiencia mínima: Al menos 1 año
Imprescindible residente en: Provincia Puesto Vacante
Requisitos mínimos: Experiencia en recepción y atención telefónica.
Bilingüe catalán-castellano.
Conocimientos de informática a nivel de usuario.
Persona organizada y responsable.

Contrato
Tipo de contrato: Permanente
Duración: Indefinida
Jornada laboral: Parcial – tarde
Horario: De lunes a viernes de 14,15 a 20,30

Camarero / Camarera

Fecha de la oferta: 03–05
Nombre de la empresa: GRUPO COSTA

Descripción
Puesto vacante: Camarero / Camarera
Número de vacantes: 1
Descripción de la oferta: TORRE DE ALTAMAR precisa camarero/a de sala para dirigir el desarrollo normal de una sala: servir, atender y ponerla cada día en marcha. Puesto de trabajo de suma responsabilidad ya que se trata de un restaurante de alta categoría, en que el servicio tiene que estar a la altura de su nivel.

Requisitos
Estudios mínimos: Bachillerato
Experiencia mínima: Al menos 2 años
Requisitos mínimos: Persona con 2 años de experiencia demostrable
Persona dinámica y con ganas de trabajar en un equipo joven.
Idiomas: inglés, francés y se valorarán otros.
Imprescindible hablar y escribir castellano.

Contrato
Tipo de contrato: De duración determinada
Duración: 6 meses iniciales
Jornada laboral: Completa

Salario
Salario: 12.000 € – 15.000 € bruto/año

Lee los anuncios otra vez y decide si estas frases se refieren al puesto de recepcionista (R) o de camarero/a (C).

Ejemplo: **1** C

1 Must have two years' experience.
2 Must be organised and responsible.
3 Must be dynamic and want to work with a young team.
4 Will work in the afternoon and evening.
5 Will work a full day.
6 Will work for six months initially.
7 Must be familiar with telephone systems.
8 Must speak French and English, with other languages an advantage.

Escucha a Carmen y apunta los siguientes datos en inglés. Luego decide si Carmen elige el puesto de recepcionista o de camarera.

Con tu compañero/a, pregunta y contesta. Apunta las respuestas de tu compañero/a.

- ¿Dónde te gustaría trabajar?
- Me gustaría trabajar en …
- ¿Con quién te gustaría trabajar?
- Me gustaría trabajar con …
- ¿Qué tipo de trabajo te gustaría hacer?
- Me gustaría trabajar como …
- ¿Qué es importante en el trabajo para ti?
- … es/son importante(s) para mí.
- ¿Qué tipo de persona eres?
- Soy …

Think of the most outrageous jobs:
- buscador de tesoros
- trapecista
- adivino
- piloto de F1
- mago
- detective
- domador de leones

Escribe un párrafo sobre tu compañero/a.

Le gustaría trabajar en …
Le gustaría trabajar con …
Le gustaría trabajar como …
… es/son importante(s) para él/ella.
Es muy/bastante/un poco …

1 Escucha. Copia y rellena el currículum.

Currículum Vitae	
Información personal	
Apellido(s)	Martínez López
Nombre(s)	
Dirección	Calle … 45003 …
Correo electrónico	…@yahoo.es
Fecha de nacimiento	… 1992
Experiencia profesional	
Puesto	
Actividades	
Aptitudes personales	
Personalidad	
Pasatiempos	

- Most Spanish people have two surnames, one from their father and one from their mother.
- In a Spanish address, you usually give the street name, then the house number, then the apartment number. The postcode comes before the name of the town.

@ = *arroba*
1992 = *mil novecientos noventa y dos*

2 Lee el currículum de Antonio Barrera. Con tu compañero/a, haz preguntas y contesta por Antonio.

- ¿Cómo te apellidas?
- ¿Cómo te llamas?
- ¿Cuál es tu dirección?
- ¿Cómo se escribe?
- ¿Y tu correo electrónico?
- ¿Cuándo naciste?
- ¿En qué trabajaste el año pasado?
- ¿Qué hiciste?
- ¿Qué tipo de persona eres?
- ¿Qué haces en tu tiempo libre?

Currículum Vitae	
Información personal	
Apellido(s)	Barrera Rodríguez
Nombre(s)	Antonio Carlos
Dirección	Plaza Guzmán 57, 29480 Málaga
Correo electrónico	antcar58@yahoo.es
Fecha de nacimiento	5/9/1988
Experiencia profesional	
Puesto	camarero
Actividades	servir, poner mesas, lavar los platos
Aptitudes personales	
Personalidad	dinámico, hablador, trabajador
Pasatiempos	fútbol, tenis, idiomas

3 Lee la carta.

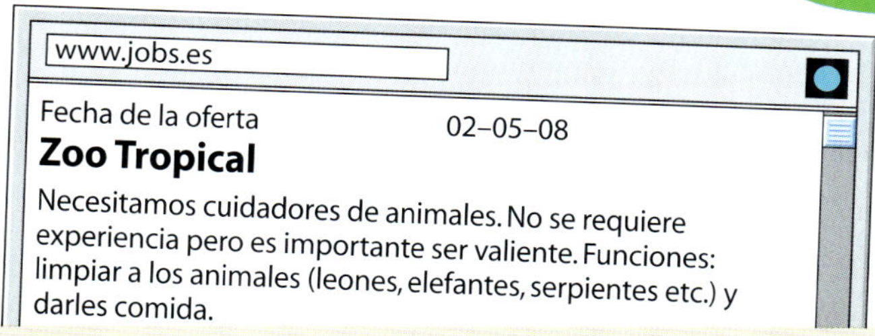
www.jobs.es

Fecha de la oferta 02-05-08

Zoo Tropical

Necesitamos cuidadores de animales. No se requiere experiencia pero es importante ser valiente. Funciones: limpiar a los animales (leones, elefantes, serpientes etc.) y darles comida.

Sofía María Martínez
Calle Perala, 15
45003 Toledo

el 3 de mayo de 2008

Zoo Tropical

Estimado señor:

En relación a su oferta publicada en el sitio web www.jobs.es del día 2 de este mes, le escribo para solicitar el puesto de cuidadora de animales.

Tengo experiencia en este tipo de trabajo. El año pasado trabajé en un safari en Kenia. Cuidé de jirafas y elefantes. No tengo miedo a nada, soy muy valiente.

Soy dinámica y trabajadora. Me gustaría trabajar en equipo en su zoo.

Le adjunto mi Currículum Vitae.

Le saluda atentamente,

Sofía María Martínez

Sofía María Martínez

4 Busca el equivalente en español de estas frases en la carta.

Ejemplo: **1** Estimado señor

1 Dear Sir
2 In relation to your advert
3 I am writing to you to apply for the job of …
4 I have experience in this kind of work
5 I attach my CV.
6 Yours faithfully

5 Escribe una carta de presentación para un puesto de recepcionista o de camarero/a.

Look at the adverts on page 72. Find any words or phrases there that you can use in your letter, and use the writing frame.

Estimado señor:
En relación a su oferta publicada en el sitio web …
del día … de este mes, le escribo para solicitar el puesto de …
Tengo experiencia en este tipo de trabajo. El año pasado trabajé como …
Soy … Me gustaría …
Le adjunto mi Currículum Vitae.
Le saluda atentamente,

Palabras

El dinero	Money
¿Qué haces para ganar dinero?	What do you do to earn money?
Hago de canguro.	I babysit.
Lavo el coche.	I wash the car.
Lavo la ropa.	I do the washing.
Limpio la casa.	I clean the house.
Trabajo en el jardín.	I work in the garden.
Paseo al perro.	I walk the dog.
Paso la aspiradora.	I do the vacuuming.
Plancho la ropa.	I do the ironing.
Pongo la mesa.	I lay the table.
Reparto periódicos.	I deliver papers.
¿Qué haces con tu dinero?	What do you do with your money?
Compro …	I buy …
maquillaje	make-up
CDs o DVDs	CDs or DVDs
ropa	clothes
videojuegos	videogames
crédito para mi móvil	credit for my mobile
revistas	magazines
chocolate y caramelos	chocolate and sweets
¿Ahorras también?	Do you save as well?
(No) ahorro.	I (don't) save.

Me gustaría …	I'd like to …
¿Qué te gustaría hacer?	What would you like to do?
Me gustaría trabajar …	I'd like to work …
al aire libre	in the open air
con animales	with animals
con niños	with children
en una oficina	in an office
solo/a	alone
en contacto con la gente	with people
Me gustaría viajar.	I'd like to travel.
Me gustaría hacer …	I'd like to do …
un trabajo creativo	a creative job
un trabajo manual	a manual job

Soy …	I'm …
activo/a	active
ambicioso/a	ambitious
creativo/a	creative
dinámico/a	dynamic
fuerte	strong
hablador(a)	talkative
independiente	independent
inteligente	intelligent
organizado/a	organised
práctico/a	practical
serio/a	serious
trabajador(a)	hard-working

¿En qué trabajas?	What's your job?
Soy …	I'm a(n) …
abogado/a	lawyer
actor/actriz	actor/actress
camarero/a	waiter/waitress
cantante	singer
cocinero/a	cook, chef
comerciante	businessman/woman
conductor(a)	driver
dentista	dentist
diseñador(a)	designer
enfermero/a	nurse
futbolista	footballer
ingeniero/a	engineer
médico/a	doctor
periodista	journalist
policía	police officer
profesor(a)	teacher
recepcionista	receptionist
¿Dónde trabajas?	Where do you work?
Trabajo en …	I work in …
una comisaría	a police station
una oficina	an office
un tribunal	a court
la cocina de un restaurante	a restaurant kitchen
¿Qué tipo de persona eres?	What sort of person are you?
Soy profesional.	I'm professional.
¿Qué es lo más importante en el trabajo para ti?	What is most important to you in a job?
… es importante para mí.	… is important to me.
el dinero	money
la calidad	quality
la creatividad	creativity

la variedad	*variety*
tener responsabilidades	*having responsibility*

Los idiomas — *Languages*

¿Qué idiomas hablas?	*Which languages do you speak?*
Hablo …	*I speak …*
español/francés/inglés/alemán	*Spanish/French/English/German*
¿Por qué son importantes los idiomas para ti?	*Why are languages important for you?*
Porque con idiomas se puede …	*Because with languages you can …*
viajar	*travel*
conocer a mucha gente	*meet a lot of people*
¿Cómo utilizas los idiomas en tu trabajo?	*How do you use languages in your job?*
Hablo por teléfono.	*I talk on the phone.*
Hablo con los clientes.	*I talk to the customers.*
Mando correos.	*I send emails.*
Traduzco.	*I translate.*

¿Qué harás? — *What will you do?*

¿Qué harás si ganas la lotería?	*What will you do if you win the lottery?*
Beberé cócteles.	*I will drink cocktails.*
Me casaré con …	*I will marry …*
Comeré en restaurantes.	*I will eat in restaurants.*
Compraré un coche muy caro.	*I will buy a very expensive car.*
Iré a la sauna todos los días.	*I will go to the sauna every day.*
Jugaré al póquer en mi casino privado.	*I will play poker in my private casino.*
Seré famoso/a.	*I will be famous.*
Tendré un entrenador.	*I will have a trainer.*
Viajaré mucho.	*I will travel a lot.*
No/Nunca más …	*I will not/never again …*
Tendré dos hijos	*I will have two children*

¡Qué …! — *How …!*

¡Mucha suerte!	*Good luck!*
¡Ojalá que sí!	*Let's hope so!*
¡Qué bien!	*Great!*
¡Qué rico!	*How delicious!*
A ver …	*Let's see …*
Dime …	*Tell me …*
Por supuesto …	*Of course …*
Pues …	*Well …*

Palabras muy útiles — *Very useful words*

con	*with*
ahora	*now*
este año	*this year*
el año que viene	*next year*
el año pasado	*last year*

Estrategia

Collecting phrases

Try to make your Spanish 'super-Spanish': collect phrases which you can use to make yourself sound authentic and to give your Spanish an edge.

- When people speak, they play for time …

A ver …	*Let's see …*
Pues …	*Well …*
Dime …	*Tell me …*
Bueno …	*Well …*

- Making comments is a good way of having a more interesting conversation.

¡Qué bien!	*Great!*
¡Qué suerte!	*What luck!*
¡Qué horror!	*How terrible!*
¡Qué rico!	*How delicious!*
¡Qué aburrido!	*How boring!*

Try to learn a new useful phrase each week.

Hispanoamérica 5

1 El mundo hispano

- Learning more about Spanish-speaking countries
- Creating a poster about a Spanish-speaking country

1 Escucha y escribe los países en el orden que entiendes. (1–19)

***Ejemplo:* 1** México

2 Escucha y rellena la tabla para cada país. (1–4)

	País	Capital	Población
1	Venezuela	Caracas	

País	Capital	Población
México	Tegucigalpa	108.000.000
Honduras	Ciudad de México	24.000.000
Venezuela	Buenos Aires	7.000.000
Argentina	Caracas	40.000.000

¿Cómo se llama la capital de …?
¿Cuántos habitantes tiene?

La capital de … se llama …
… tiene … millones de habitantes.

1.000.000	un millón
1.500.000	un millón y medio
22.000.000	veintidós millones
105.000.000	ciento cinco millones

3 Con otras dos personas, haz preguntas sobre los países del ejercicio 2.

- ● ¿Cómo se llama la capital de Venezuela?
- ■ La capital de Venezuela se llama …
- ● ¿Cuántos habitantes tiene Venezuela?
- ■ Venezuela tiene … millones de habitantes.

Escucha y lee. Luego copia la tabla y rellénala en inglés.

Country	Population	Capital	Geographical features	Products

Hay …

a

montañas

b

volcanes

c

el río Amazonas

d

un desierto

e

la selva amazónica

f

una llanura

Mi viaje a Sudamérica fue estupendo. Fui con unos amigos. Fuimos a Perú en avión y ¡lo pasamos bomba! Perú está en Sudamérica, en la costa. Tiene veintisiete millones de habitantes.

Primero fuimos a Lima, la capital de Perú. Lima es muy interesante. Está en la costa frente al océano Pacífico. Desde Lima fuimos de excursión. La geografía de Perú es estupenda. Hay mucha diversidad. El río Amazonas pasa por todo el país. En Perú está la selva amazónica. También hay una llanura y un gran desierto. Luego fuimos a las montañas. Los Andes cruzan el país de norte a sur. También visitamos el valle de los volcanes.

Los productos principales de Perú son la fruta, el café, la caña de azúcar y el petróleo.

Ser and **estar**:
Use **ser** for permanent states, e.g. *La capital de Perú **es** Lima.*
Use **estar** to give a location, e.g. *Lima **está** en la costa.*

Elige un país y haz un póster. Utiliza los datos siguientes.

País	Chile	México
Capital	Santiago	Ciudad de México
Población	16.000.000	108.000.000
Geografía	montañas, llanura, desierto, el río Amazonas ✘	desierto, volcanes, llanura, el río Amazonas ✘
Productos	fruta, caña de azúcar, café	fruta, café

Este país se llama …
Está en (Sudamérica).
(No) Está en la costa.
La capital se llama …
Tiene … millones de habitantes.
La geografía es interesante/estupenda. Hay …
El río Amazonas (no) pasa por …
Los productos principales son …

- Describing working conditions
- Using reflexive verbs

1 Escucha y lee.

a

Me llamo Magali. Tengo catorce años. Soy de Colombia. Vivo en un barrio de Bogotá. Bogotá es la capital de Colombia. En mi región hay mucha gente pobre.

b

Vivo en una chabola, una casa muy pequeña y pobre, con mi familia. Somos siete personas. En mi chabola sólo hay dos habitaciones. No hay ni baño ni cocina.

c

No voy al instituto porque tengo que ganar dinero para mi familia. Trabajo en una plantación de flores.

d

Trabajo de lunes a sábado. Me levanto muy temprano, a las cinco de la madrugada. Siempre tengo sueño.

e

Me visto. Llevo unos pantalones y una camiseta. En el trabajo hace mucho calor y mi ropa no es cómoda. No me ducho porque no tenemos ni agua ni electricidad. Desayuno pan con leche.

f

Salgo de casa a las cinco y cuarto, todavía es de noche. Camino una hora hasta la plantación. Odio caminar sola por la noche.

g

Llego a las seis y cuarto. Empiezo a trabajar a las seis y media de la mañana.

h

En el trabajo tengo veinte minutos para comer. Como arroz y fruta. No suelo comer carne porque gano poco dinero.

i

Cada día trabajo ocho horas. Termino a las dos y media de la tarde. Por la tarde cuido de mis hermanos pequeños y, cuando puedo, leo libros. Me gustaría estudiar. No suelo cenar. Me acuesto a las ocho y media.

barrio = *suburb, district*
chabola = *shack, hovel*
ni … ni … = *neither … nor …*
todavía = *still*
cuido de = *I look after*

2 Copia y completa el texto.

Magali is (1) 14 years old. She lives in a suburb of (2) ______ with (3) ______ other people. Her shack is (4) ______ and basic and it has (5) ______ rooms. She doesn't go to (6) ______. She works on a (7) ______ plantation. She works (8) ______ days a week. She gets up at (9) ______. She doesn't have a shower because they have no (10) ______ or (11) ______. She has bread and milk for (12) ______. She leaves home at (13) ______ and walks for one (14) ______ to the plantation. She starts work at (15) ______ and finishes at (16) ______. In the (17) ______ she looks after her little (18) ______ and sisters. She would like to (19) ______. She goes to bed at (20) ______.

Escucha y contesta a las preguntas por Héctor.

Ejemplo: Me llamo Héctor.

¿Cómo te llamas? ¿De dónde eres?
¿Dónde vives?
¿En qué trabajas?
¿A qué hora te levantas?
¿A qué hora sales de casa?
¿A qué hora llegas al trabajo?
¿A qué hora empiezas a trabajar?
¿Cuánto tiempo tienes para comer?
¿A qué hora terminas de trabajar?
¿A qué hora te acuestas?

Gramática

Reflexive verbs describe an action which you do to yourself, e.g. **levantarse**, *to get (yourself) up*.

me	levanto	*I get up*
te	levantas	*you (singular) get up*
se	levanta	*he/she gets up*
nos	levantamos	*we get up*
os	levantáis	*you (plural) get up*
se	levantan	*they get up*

Find the other four reflexive verbs in Magali's text.

Para saber más **página 128–9; ej. 8, 9**

Con tu compañero/a, haz preguntas y contesta por Carlos.

Make a clear difference in sound between **l** and **ll**. Listen and practise these words.

*me **l**evanto*
***ll**ego*

a Carlos, Nicaragua

b 

c una plantación de cacao 

d 5:00 

e 5:30 

f 5:45 

g 6:00

h 20 minutos

i 17:00

j 21:00 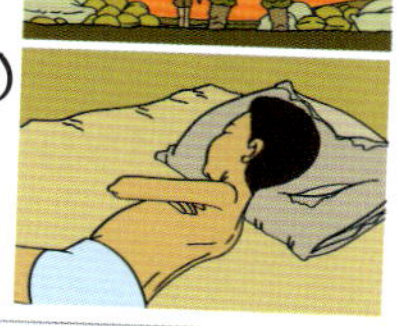

Eres Carlos. Describe tu vida.

Ejemplo: Vivo en una chabola con mi familia. Somos seis personas.

Try to add details:
- what you do or don't do before leaving home
- how you get to work
- how long it takes you
- what you eat for lunch
- how you feel at the end of the day.

ZONA CULTURA

Working children

Most children in Colombia do not live in such poverty as Magali. 87% go to primary school and 93% of children aged 15 can read. There is, however, a big gap between rich and poor in Colombia.

3 El medio ambiente

- Talking about environmental problems
- Using the conditional of **deber**

1 Escucha y pon los dibujos en el orden correcto. (1–7)

Ejemplo: **1** b

Me llamo Diego. Vivo con mi familia en Ciudad de México.

a *Hay demasiado tráfico.*

b *Hay mucha contaminación.*

c *Hay mucha basura.*

d *Hay muchas fábricas.*

e *El tráfico causa mucho ruido.*

f *Mucha gente usa el carro todos los días.*

g *No hay espacios verdes.*

In Latin-American Spanish, the words for certain things are different:

Latin America	**Spain**	**English**
carro	coche	*car*
camión	autobús	*bus*
computadora	ordenador	*computer*
lindo	bonito	*nice*

2 Copia y completa el texto con las palabras del cuadro. Luego lee en voz alta con tu compañero/a.

Me llamo Diego. Vivo con mi (1) *familia* en Ciudad de México. En nuestra ciudad hay mucha contaminación. Hay (2) ___ fábricas y no hay muchos (3) ___ verdes. También hay demasiado tráfico. Hay (4) ___ carros y (5) ___ gente usa el carro todos los días. El (6) ___ causa mucho ruido también. En las calles hay mucha basura, porque la gente no recicla (7) ___. Es una ciudad muy sucia.

sucio/a = *dirty*

muchas	~~familia~~	mucho	muchos	tráfico	mucha	espacios

3 Escribe un párrafo sobre tu región.

Ejemplo: Vivo en … En mi región (no) hay muchos problemas con el medio ambiente. Por ejemplo … También …

Empareja los dibujos con las frases correctas. Escucha y comprueba tus respuestas.

Ejemplo: **1** c

¿Qué deberíamos hacer para proteger el medio ambiente?

- **a** Deberíamos comprar productos verdes.
- **b** Deberíamos reciclar papel y vidrio.
- **c** Deberíamos reducir la contaminación.
- **d** Deberíamos usar más el transporte público.
- **e** Deberíamos consumir menos energía.
- **f** No deberíamos tirar basura al suelo.
- **g** No deberíamos malgastar agua.
- **h** Deberíamos plantar más árboles.

Gramática

In the conditional, **deber** *(to have to, must)* means *should*. It's followed by the infinitive.

Deberíamos usar menos el coche.
We should use the car less.
No deberíamos tirar basura al suelo.
We shouldn't drop litter.

Para saber más página 131

Escucha. Copia y rellena la tabla. (1–5)

	Vive en	Problemas	Para ayudar
1	Bogotá		

Lee el texto y escribe los números de las cuatro frases correctas.

Me llamo Aymara. Vivo en Caracas, la capital de Venezuela. ¡Caracas es preciosa! Pero hay muchos habitantes y la contaminación en nuestra ciudad es un problema muy grande.

En las calles hay mucha basura porque la gente tira al suelo: latas, bolsas de plástico… Hay mucho tráfico, hay carros, camiones y también motos y por eso hay mucho ruido.

Pero tengo una familia muy responsable. En casa, reciclamos papel y vidrio. También compramos productos verdes, pero deberíamos consumir menos energía y apagar las luces cuando no estamos en casa. También deberíamos ducharnos en vez de bañarnos, para no malgastar agua. Y mi madre usa su carro todos los días; deberíamos usar más el transporte público.

latas = *cans*	motos = *motorbikes*
bolsas = *bags*	apagar = *to switch off*

1. La polución en Caracas no es un problema muy grande.
2. La gente tira mucha basura al suelo.
3. Hay mucho tráfico y por eso hay mucho ruido.
4. La familia recicla papel y vidrio.
5. La familia no compra productos verdes.
6. La madre de Aymara usa mucho el carro.

Mini-test

I can

- give information about Spanish-speaking countries
- talk about working conditions
- talk about the environment
- **G** use reflexive verbs
- **G** use the conditional of **deber**

4 Los famosos

- Talking about famous people
- Using the preterite in the 'he/she' form

1 **Escucha y lee los textos. ¿Quién es?**

1 actriz
2 escritora
3 revolucionario
4 futbolista

Isabel Allende es chilena. Nació en 1942.

Estudió en Bolivia y Líbano. Trabajó para las Naciones Unidas en Suiza y Bélgica. Fue columnista en la prensa escrita y trabajó en la televisión en Venezuela y Chile. Le encanta viajar.

En 1973 dejó Chile y se estableció en Caracas, donde empezó a escribir novelas. Su libro más famoso es *La casa de los espíritus*. También escribe libros infantiles, como *La ciudad de las bestias*.

Ernesto 'Che' Guevara nació en Rosario, Argentina, en 1928.

Estudió medicina. Desde 1951 viajó por Perú, Ecuador, Venezuela y Guatemala. Vio mucha pobreza por todas partes. Se convirtió en revolucionario y fue a Cuba para ayudar a Fidel Castro. Combatió como revolucionario en varios países latinoamericanos.

Se casó dos veces y tuvo seis hijos.

Fue asesinado en Bolivia en 1967.

El 'Che' dijo: 'Prefiero morir de pie antes que vivir de rodillas'.

Diego Maradona nació en Buenos Aires en 1960.

Empezó a jugar al fútbol con sus amigos en un barrio de chabolas.

Jugó para el Boca Juniors en Argentina, el Barça en Barcelona y para el Nápoles en Italia. Volvió a Argentina en 1993. En 1986 ganó la Copa del Mundo de fútbol y recibió el Balón de Oro al mejor futbolista. Marcó muchos goles espectaculares.

En 1991 fue acusado de tráfico de drogas.

Es uno de los mejores jugadores de fútbol de la historia.

Eva Perón – 'Evita' – nació en Argentina en 1919.

Con 16 años se fue a Buenos Aires, donde trabajó en la radio y en pequeños teatros.

Se casó con Juan Domingo Perón, presidente de Argentina, en 1945. Fue muy popular con los trabajadores y las mujeres en Argentina.

Fue una mujer muy elegante y distinguida.

Murió muy joven en 1952 con 33 años.

Lee y contesta a las preguntas en inglés.

Ejemplo: **1** Eva Perón

Who ...

1. was popular with women?
2. won a prize in 1986?
3. studied medicine?
4. got married in 1945?
5. worked in journalism?
6. worked for the United Nations?
7. was killed in Bolivia?
8. played for European clubs?

Gramática

In the preterite, the 'he/she' forms end in:

-ó (**-ar** verbs)	**-ió** (**-er/-ir** verbs)	**-o** (irregular verbs)
(trabajar)	(nacer)	(hacer)
trabajó	nació	hizo
he/she worked	*he/she was born*	*he/she did, made*

Para saber más página 129–30; ej. 10, 12

Find the 'he/she' preterite forms of these verbs in the texts and complete the grid.

Infinitivo	**Pretérito**
empezar – to begin	empezó – he/she began

empezar morir volver
dejar ir/ser trabajar recibir viajar
nacer estudiar casarse establecerse en
convertirse en marcar

The infinitives of reflexive verbs have the reflexive pronoun **se** on the end, e.g.
se casó – *he/she got married*
casarse – *to get married*

Cierra el libro. Con tu compañero/a, pregunta y contesta sobre las personas del ejercicio 1.

- Trabajó como columnista.
- Isabel Allende

You say years in Spanish like this:
1914 = **mil novecientos catorce**

Escribe una descripción de la vida de Fidel Castro.

Nombre Fidel Castro
Fecha de nacimiento 13/08/1926, Cuba
Vida ir → México
convertirse en guerrillero
volver → Cuba
combatir en la guerra por la independencia de Cuba
presidente de Cuba desde 1959
problemas de salud desde 2006

Prepara una presentación oral sobre una persona del ejercicio 1.

5 El comercio justo

- Talking about fair trade
- Using three tenses together

1 Lee las frases en español. Busca y completa la frase correcta en inglés.

¿Por qué deberíamos comprar productos con el sello de comercio justo?

Ejemplo: **1** c – money

1 *No quiero dar mi dinero a una multinacional.*

2 *Con el sello de comercio justo, los trabajadores reciben los beneficios.*

3 *Prefiero pagar un poco más si es un precio justo.*

4 *Soy un consumidor responsable.*

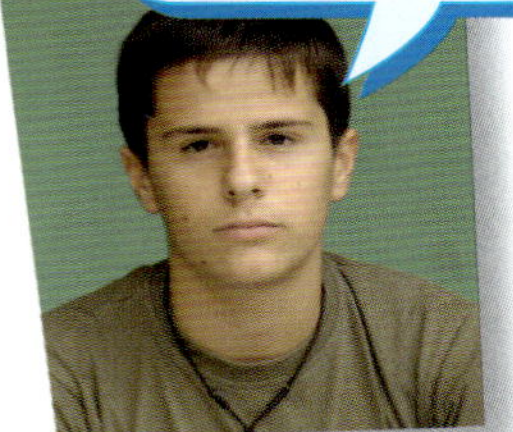

5 *Y la calidad es mejor.*

a And the ~~~ is better.
b I'm a responsible ~~~.
c I don't want to give my ~~~ to a multinational.
d With the Fairtrade stamp, the ~~~ receive the benefits.
e I prefer to ~~~ a little more if it's a fair price.

2 Escucha la conversación y pon las frases del ejercicio 1 en el orden que entiendes.

Ejemplo: 4, …

3 Escribe un anuncio para un producto con el sello de comercio justo utilizando las opiniones del ejercicio 1.

Ejemplo: ¿No quieres dar tu dinero a una multinacional?
¡Compra … con el sello de comercio justo!
La calidad es mejor, …

el café

el chocolate

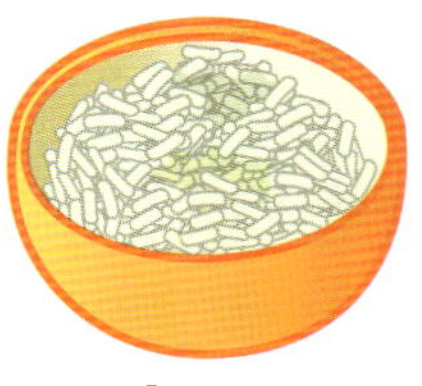

el arroz

la ropa

escuchar 4 Escucha y lee. Copia y completa los textos.

www.comerciojusto.org

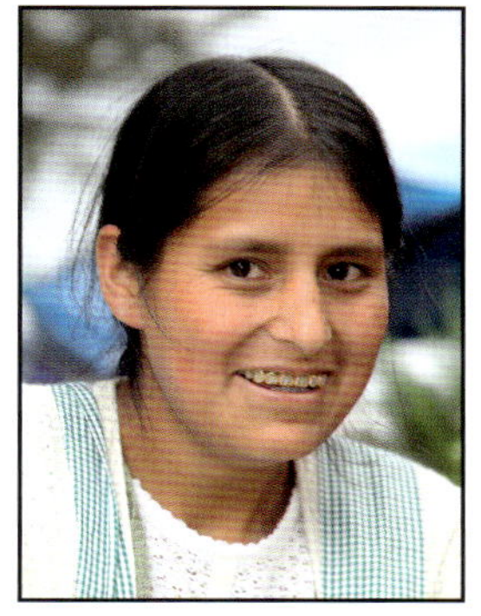

Me llamo Eufrasia. (1) Vivo en Bolivia. Soy agricultora. El año pasado cultivé arroz y (2) ___. No planté cacao porque el precio que recibí por el cacao hace dos años fue muy bajo. No pude comprar zapatos a mis niños. Durante el año pasado sólo comí (3) ___ – nada más.

Ahora, con la ayuda de la organización 'comercio justo', el precio que recibo es más alto y la calidad del cacao es mejor. También las condiciones de vida son mejores. Mis niños pueden comer (4) ___ de vez en cuando y en el futuro van a estudiar. Hoy tengo dinero para comprar (5) ___ y en el futuro vamos a tener un hospital en el pueblo.

Me llamo Salvador. Vivo en Guatemala. El año pasado cultivé café pero no era orgánico. Trabajé solo y recibí un precio muy (6) ___ por mi café.

Ahora cultivo (7) ___ y empiezo a cultivar café orgánico. No voy a utilizar productos químicos. En el (8) ___, voy a vender mi (9) ___ orgánico a un precio más alto y mis (10) ___ van a ir a la escuela.

era = *was*
cultivar = *to cultivate, grow*
vender = *to sell*

leer 5 Contesta a las preguntas en inglés.

1 Why did Eufrasia plant rice and bananas and not cocoa beans last year?
2 What was she not able to buy for her children?
3 Who has helped her get a better price?
4 What does she hope to see in her village in the future?
5 What type of coffee did Salvador grow last year?
6 What is he growing now?
7 What is the advantage for him?
8 What is he hoping for in the future?

leer 6 Busca en los textos del ejercicio 4:

a 7 verbos en el pretérito.
b 10 verbos en el presente.
c 5 verbos en el futuro inmediato.

Ejemplo: **a** planté, …

Remember that **poder** *(to be able to)* is a stem-changing verb:
p**ue**do *I can*
It's also irregular in the first person of the preterite:
p**u**de *I could*

hablar 7 Con tu compañero/a, haz preguntas y contesta por Eufrasia o Salvador.

- ¿Qué cultivaste el año pasado?
- ¿Qué precio recibiste?
- ¿Qué cultivas este año?
- ¿Qué va a pasar en el futuro?

Resumen

Unidad 1

I can

- *name some Spanish-speaking countries* — Nicaragua, Ecuador, Venezuela, …
- *give information about one of those countries* — Venezuela está en Sudamérica. La capital se llama Caracas. Tiene veinticuatro millones de habitantes.
- **G** *Use* **ser** *and* **estar** — **Es** muy interesante. **Está** en la costa.

Unidad 2

I can

- *describe working conditions* — Trabajo de lunes a sábado. Empiezo a las seis y media de la mañana.
- *ask someone about their working conditions* — ¿En qué trabajas?
  ¿A qué hora terminas?
  ¿Cuánto tiempo tienes para comer?
- **G** *use reflexive verbs* — Me levanto a las cinco. Me visto. No me ducho.

Unidad 3

I can

- *talk about environmental problems* — Hay mucha contaminación.
  El tráfico causa mucho ruido.
- *say what we should do* — Deberíamos reciclar papel y vidrio.
- **G** *use* **mucho/a/os/as** — Mucha gente usa el carro.
  Hay muchas fábricas.
- **G** *use* **deberíamos** + *infinitive* — Deberíamos usar más el transporte público.
  No deberíamos consumir demasiada energía.

Unidad 4

I can

- *talk about famous people* — Eva Perón nació en 1919. Se casó con Juan Perón. Murió en 1952.
- **G** *use the 'he/she' form of the preterite* — Isabel Allende **nació** en 1942. **Estudió** en Bolivia. Trabajó para las Naciones Unidas. **Fue** a Suiza.

Unidad 5

I can

- *talk about fair trade* — No quiero dar mi dinero a una multinacional.
  Prefiero pagar un poco más si es un precio justo.
- **G** *use three tenses together* — El año pasado no **cultivé** café orgánico. Ahora **cultivo** fruta y **empiezo** a cultivar café orgánico. **Voy a vender** mi café a un precio más alto.

Prepárate

Escucha. Copia y rellena la ficha.

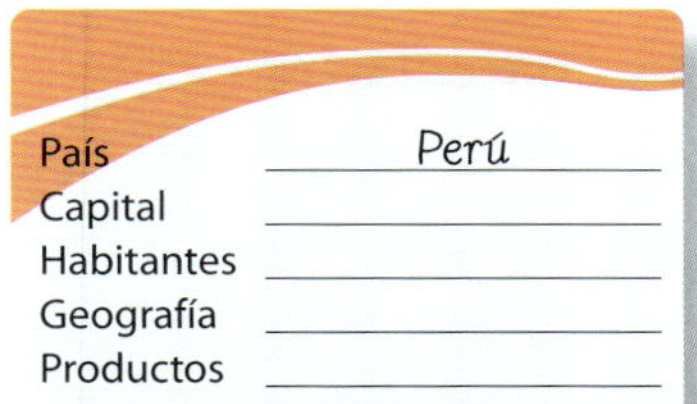

País	Perú
Capital	
Habitantes	
Geografía	
Productos	

Con tu compañero/a, pregunta y contesta por Hugo.

- ¿Cómo te llamas?
- ¿De dónde eres?
- ¿En qué trabajas?
- ¿A qué hora te levantas?
- ¿Te duchas?
- ¿A qué hora sales de casa?
- ¿A qué hora empiezas a trabajar?
- ¿A qué hora terminas?
- ¿A qué hora te acuestas?

Lee el texto. Contesta a las preguntas en inglés.

Ejemplo: **1** Jorge says pollution is not a big problem.

> Me llamo Jorge. Vivo en Buenos Aires en Argentina.
> La contaminación en nuestra ciudad no es un problema muy grande. Por lo general, la gente no tira mucha basura al suelo. Saben que proteger el medio ambiente es importante. Pero hay muchos carros en el centro y el tráfico causa mucho ruido en la ciudad.
> En casa, hago muchas cosas para proteger el medio ambiente. Reciclo papel y vidrio. Compro productos verdes y no consumo mucha energía. Uso el transporte público todos los días.

1 What does Jorge say about pollution in Buenos Aires?
2 What two problems does Buenos Aires have?
3 Name four things Jorge does to protect the environment.

Describe el comercio de Juan.

Ejemplo: El año pasado Juan cultivó …, pero…
Ahora …
En el futuro …

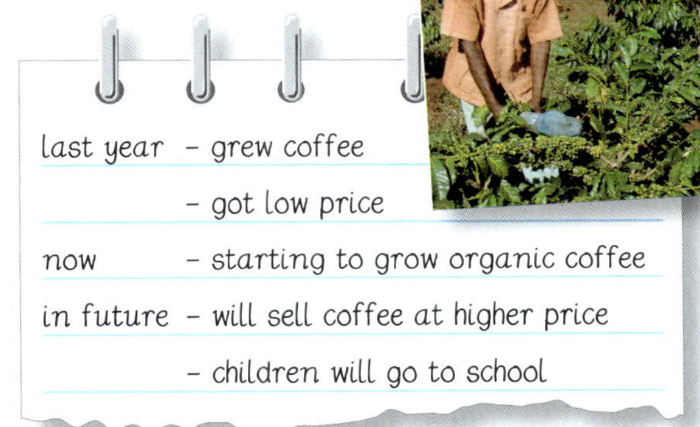

- Learning about Central and South America
- Listening for gist and detail

hablar 1 **Con tu compañero/a, haz el cuestionario. Pregunta y contesta.**

- ¿Sudamérica tiene (a) doce países, (b) trece países u (c) once países?
- Creo que es (b). ¿Y tú?

LA GEOGRAFÍA

Sudamérica tiene
a doce países
b trece países
c once países

Centroamérica tiene
a siete países
b ocho países
c nueve países

El río más largo del continente se llama
a el río Orinoco
b el río Amazonas
c el río Negro

Elige las montañas que están en América del Sur.
a los Pirineos
b los Picos de Europa
c los Andes

El Popocatépetl es
a un océano
b un volcán activo
c una cascada

El Popocatépetl está
a en México
b en Nicaragua
c en Costa Rica

El canal de Panamá pasa
a del Caribe al océano Pacífico
b del océano Pacífico al océano Atlántico
c del mar Mediterráneo al océano Atlántico

El Aconcagua
a es el pico más alto
b es el pico más bajo
c es el volcán menos activo

El río Amazonas no pasa por
a Ecuador
b Colombia
c Bolivia
d Perú
e Paraguay
f Venezuela

Elige los países que tienen frontera con Perú.
a Ecuador
b Colombia
c Argentina
d Chile
e Bolivia

escuchar 2 **Escucha y comprueba tus respuestas.**

Look back to units 1 and 4 for help with structures and vocabulary.

3 Describe Venezuela.

Venezuela
Caracas
24 000 000
montañas, valles, una llanura, una selva
la fruta, el maíz, el petróleo

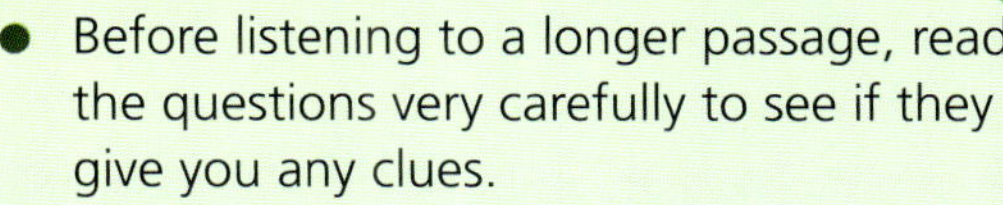

- Before listening to a longer passage, read the questions very carefully to see if they give you any clues.
- The first time you listen, don't try to understand everything: concentrate on getting the gist.
- Try not to write the first time you listen.

4 Escucha a Irene que habla de su visita a Centroamérica. Luego pon los títulos en el orden correcto.

El tiempo

La geografía

Centroamérica

Los animales

El viaje en avión

Lo bueno es … = *The good thing is …*
Lo malo es … = *The bad thing is …*

5 Escucha otra vez y apunta los datos en inglés.

1 *six countries she mentions*
2 *the weather in Central America*
3 *the names of four animals or insects.*

Ejemplo: **1** Guatemala, …

When listening for detail, try to focus on exactly what you are listening for at any one time.

6 ¿Te gustaría visitar Centroamérica? Con tu compañero/a, pregunta y contesta.

- ¿Te gustaría visitar …?
- Sí/No.
- ¿Por qué (no)?
- Lo bueno es …/Lo malo es …

¡Extra! 2

- Learning about famous artists
- Writing a poem

Escucha. Copia y completa el texto con verbos del cuadro. (**Sobran tres verbos.**)

Ejemplo: **1** nació

Diego Rivera, pintor mexicano, (1) *nació* el 8 de diciembre de 1886 en Guanajuato. (2) ___ en la Academia de San Carlos. En 1907 (3) ___ a España y (4) ___ cuatro años en Europa, donde estudió y trabajó.

En 1922 (5) ___ a pintar sus murales en los edificios públicos de la Ciudad de México. Fue un pintor revolucionario que llevó el arte a la calle. Tiene un estilo original, colorista y de alto contenido social. Fue miembro del Partido Comunista en su país.

En 1929 (6) ___ con la pintora Frida Kahlo. Entre 1931 y 1934 (7) ___ con ella en los Estados Unidos, donde pintó murales en San Francisco, Detroit y Nueva York. (8) ___ el 24 de noviembre de 1957.

vivió pasó empezó tiene se casó emigró
murió viajó estudió escribió ~~nació~~

Imagina una entrevista con Diego Rivera. Pregunta y contesta con tu compañero/a.

- ¿Cuándo naciste?
- Nací …
- ¿Dónde estudiaste?
- …

To answer, you need to change the verb endings in the text from the 'he/she' form to the 'I' form.

3 Lee el texto.

Use context and cognates to help you work out the meaning of words you don't know. For example, what might **contrajo la polio** mean?

Frida Kahlo, pintora mexicana, nació el 6 de julio de 1907 en Ciudad de México. En 1910 contrajo la polio, una enfermedad que la dejó con la pierna derecha mucho más delgada que la pierna izquierda. A los dieciocho años sufrió un gravísimo accidente de autobús y a causa del accidente nunca pudo tener hijos.

Durante su convalecencia empezó a pintar. Creó una pintura absolutamente personal utilizando estilos tradicionales mexicanos. Realizó estupendos retratos de niños pero sus autorretratos son los más apreciados.

Frida se casó con Diego Rivera, muralista mexicano, en 1929. Entre 1931 y 1934 pasó mucho tiempo en Nueva York y Detroit. En 1939 tuvo una exposición en París y apareció en *Vogue*. Murió el 13 de julio de 1954.

Hoy en día, Frida Kahlo es muy famosa, conocida en el mundo entero. En 2002 hicieron una película de su vida y Salma Hayek actuó como Frida.

'Pinté mi propia realidad'

4 Copia las frases y completa las traducciones en inglés.

1 … que la dejó con la pierna derecha mucho más delgada que la pierna izquierda.
… which left her with the right … much … than the …

2 Creó una pintura absolutamente personal utilizando estilos tradicionales mexicanos.
She created a completely … kind of …, using … styles.

3 Realizó estupendos retratos de niños pero sus autorretratos son los más apreciados.
She created … portraits of … but her self-… are the … admired.

5 Contesta a las preguntas en español.

Ejemplo: **1** Nació el 6 de julio de 1907.

1 ¿Cuándo nació Frida Kahlo?
2 ¿Qué le pasó en 1910?
3 ¿Cuál fue la consecuencia del accidente de autobús?
4 Describe sus pinturas.
5 ¿Qué pasó en 1939?
6 ¿Cuándo murió?

6 Lee este poema sobre Frida Kahlo. Escribe un poema parecido sobre Diego Rivera.

Sus Formas inspiran
Su Realidad fue difícil
Tuvo Ideas diferentes
Realizó Dibujos interesantes
Pintó Autorretratos estupendos.

D
I
E
G
O

Palabras

Hispanoamérica	***Latin America***
El Caribe	*The Caribbean*
Centroamérica	*Central America*
Norteamérica	*North America*
Sudamérica	*South America*
Argentina	*Argentina*
Bolivia	*Bolivia*
Chile	*Chile*
Colombia	*Colombia*
Costa Rica	*Costa Rica*
Cuba	*Cuba*
Ecuador	*Ecuador*
Guatemala	*Guatemala*
Honduras	*Honduras*
México	*Mexico*
Nicaragua	*Nicaragua*
Panamá	*Panama*
Paraguay	*Paraguay*
Perú	*Peru*
República Dominicana	*Dominican Republic*
El Salvador	*El Salvador*
Uruguay	*Uruguay*
Venezuela	*Venezuela*
Este país se llama …	*This country is called …*
Está en …	*It is in …*
¿Cómo se llama la capital de …?	*What is the capital of … called?*
La capital se llama …	*The capital is called …*
¿Cuántos habitantes tiene …?	*How many inhabitants has …?*
Tiene … millones de habitantes.	*It has … million inhabitants.*

La geografía	***The geography***
Hay …	*There is/are …*
montañas	*mountains*
volcanes	*volcanoes*
un desierto	*a desert*
una llanura	*a plain*
el río Amazonas	*the River Amazon*
la selva amazónica	*the Amazonian forest/ jungle*
La geografía es …	*The geography is …*
Los productos principales son …	*The main products are …*
el café	*coffee*
el petróleo	*oil/petroleum*
la caña de azúcar	*sugar cane*
la fruta	*fruit*

La vida diaria	***Daily life***
¿Cómo te llamas?	*What's your name?*
Me llamo …	*My name is …*
¿De dónde eres?	*Where are you from?*
Soy de …	*I'm from …*
¿Dónde vives?	*Where do you live?*
Vivo en un barrio de …	*I live in a suburb/ district of …*
¿En qué trabajas?	*What work do you do?*
Trabajo en …	*I work in …*
¿A qué hora …	*What time …*
te levantas?	*do you get up?*
sales de casa?	*do you leave home?*
llegas al trabajo?	*do you arrive at work?*
empiezas a trabajar?	*do you start work?*
terminas de trabajar?	*do you finish work?*
te acuestas?	*do you go to bed?*
Me levanto …	*I get up …*
Salgo de casa …	*I leave home …*
Llego al trabajo …	*I arrive at work …*
Empiezo a trabajar …	*I start work …*
Termino de trabajar …	*I finish work …*
Me acuesto …	*I go to bed …*
¿Cuánto tiempo tienes para comer?	*How much time do you have for lunch?*
Tengo … minutos para comer.	*I have … minutes for lunch.*

El medio ambiente	***The environment***
En nuestra ciudad hay …	*In our city there's …*
demasiado tráfico	*too much traffic*
mucha contaminación	*a lot of pollution*
mucha basura	*a lot of rubbish*
muchas fábricas	*a lot of factories*
No hay espacios verdes.	*There are no green spaces.*
El tráfico causa mucho ruido.	*The traffic makes a lot of noise.*
Mucha gente usa el carro todos los días.	*A lot of people use the car every day.*

¿Qué deberíamos hacer para proteger el medio ambiente?	*What should we do to protect the environment?*
Deberíamos …	*We should …*
comprar productos verdes	*buy green products*
consumir menos energía	*consume less energy*
plantar más árboles	*plant more trees*
reciclar papel y vidrio	*recycle paper and glass*
reducir la contaminación	*reduce pollution*
usar más el transporte público	*use public transport more*
No deberíamos …	*We shouldn't …*
malgastar agua	*waste water*
tirar basura al suelo	*drop litter*

Los famosos	***Celebrities***
Nació en Argentina en 1928.	*He/She was born in Argentina in 1928.*
Estudió … en …	*He/She studied … in …*
Trabajó como …/ para …	*He/She worked as a …/for …*
En 1973 dejó … y se estableció en …	*In 1973 he/she left … and settled in …*
Viajó por …	*He/She travelled in …*
Vio …	*He/She saw …*
Por último volvió a …	*Finally he/she returned to …*
Se convirtió en …	*He/She became a …*
Empezó a …	*He/She started …*
Se casó con …	*He/She married …*
Fue asesinado/a en …	*He/She was assassinated in …*
Murió en 1952 con 33 años.	*He/She died in 1952 at the age of 33.*

El comercio justo	***Fair trade***
¿Por qué deberíamos comprar productos con el sello de comercio justo?	*Why should we buy products with the Fairtrade stamp?*
No quiero dar mi dinero a una multinacional.	*I don't want to give my money to a multinational.*
Con el sello de comercio justo, los trabajadores reciben los beneficios.	*With the Fairtrade stamp, the workers receive the benefits.*
Prefiero pagar un poco más si es un precio justo.	*I prefer to pay a little more if it's a fair price.*
Soy un consumidor responsable.	*I'm a responsible consumer.*
Y la calidad es mejor.	*And the quality is better.*

Palabras muy útiles	***Very useful words***
mucho	*a lot*
mucho(s)/mucha(s) …	*a lot of …*
muy	*very*
más	*more*
menos	*less*

Estrategia

Extending your answers

Look at these two answers.

Hay mucha basura.

En mi región hay mucha basura. Mucha gente tira basura al suelo, por ejemplo. La ciudad está muy sucia también. No me gusta nada. Deberíamos reciclar papel y vidrio.

Get into the habit of showing off what you know:

- Say something.
- Give an example.
- Add something.
- Give an opinion.
- Say what should be done.

1 Te presento a mis padres

- Visiting a Spanish family
- Learning about a region of Spain

escuchar **1** **Escucha y lee. Busca la foto que acompaña cada párrafo.**

Ejemplo: **a** 3

a **¡Querido** Liam!
Me presento. Tengo quince años y **vivo en** Bermeo **con** mi madre, mi padrastro y mi hermana.

b Bermeo **está** en el País Vasco, en el norte de España. **Es** un pueblo en la costa y está muy cerca de Bilbao.

c **Hablo** español, inglés y también euskera. El euskera es el idioma tradicional del País Vasco. Normalmente hablo euskera con mi familia y con mis amigos. Pero siempre hablo español si hay gente que no sabe euskera.

d **Durante tu visita, vamos a** hacer muchas cosas. Vamos a visitar Bilbao y el Museo Guggenheim. Te adjunto una foto del museo. Es muy moderno, ¿verdad?

e Vamos a ir a la playa de Mundaka. Podemos hacer surf. ¡Va a ser superguay! También **quiero ir** a las fiestas de los pueblos. Siempre hay conciertos y podemos bailar en la plaza.

f Dime, **¿te gustaría** ir a un partido de fútbol del Athletic de Bilbao? El Athletic es el mejor equipo del mundo. Sus colores son el rojo y el blanco. **Tengo muchas ganas de conocerte y** presentarte a todos mis amigos.

Hasta pronto,
Iñaki

1 2 3 4 5 6

El País Vasco

El País Vasco o Euskadi está situado en el norte de España.

En el País Vasco hay dos idiomas oficiales, el castellano y el euskera. El euskera es probablemente el idioma más antiguo de Europa.

'Hola' en euskera es 'Kaixo'.

Lee el texto y completa las frases en inglés.

Ejemplo: **1** Iñaki lives with his mother, his stepfather and his sister.

1 Iñaki lives with …
2 Bermeo is in the Basque country, which …
3 Iñaki speaks …
4 During Liam's visit they are going to …
5 Iñaki also wants to …
6 Iñaki asks Liam whether …

3 Escribe un correo a tu amigo/a en España. Describe dónde vives. Utiliza las frases en verde en el correo de Iñaki.

4 Escucha y lee.

5 Escucha y apunta los datos siguientes en inglés. (1–3)

- *members of family – mother, father, …*
- *journey*
- *hungry/thirsty/tired?*

Este es mi padre.
Esta es mi madre.
Estos son mis hermanos.
Estas son mis hermanas.

6 Con tu compañero/a, haz el diálogo.

- Te presento a mi padre.
- Mucho gusto.
- Encantado/Encantada.

¿**Tienes** hambre?	*Are you hungry?*
No **tengo** sed.	*I'm not thirsty.*
¿**Tienes** sueño?	*Are you sleepy?*

2 Mi casa

- Asking permission
- Using modal verbs

Empareja los dibujos con las palabras correctas. Escucha y comprueba tus respuestas.

Ejemplo: **1** d

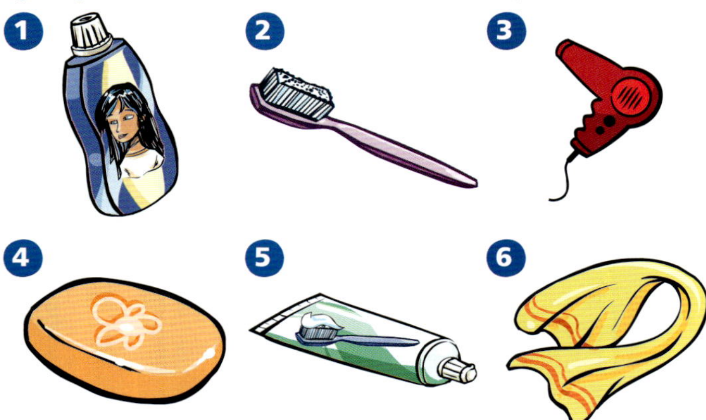

¿Necesitas algo?

Necesito
- **a** un cepillo de dientes
- **b** una toalla
- **c** jabón
- **d** champú
- **e** pasta de dientes
- **f** un secador

Escucha. ¿Qué habitaciones mencionan?

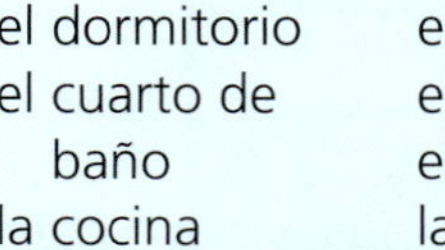

el dormitorio	el comedor
el cuarto de baño	el salón
la cocina	el jardín
	la terraza

Escucha otra vez y escribe las letras de las cosas mencionadas del ejercicio 1.

Ejemplo: b, …

Empareja las mitades de las frases y los dibujos. Escucha y comprueba tus respuestas.

Ejemplo: **1** ¿Puedo escribir un correo a mis padres? – e

1	¿Puedo escribir	ahora?
2	¿Puedo llamar	un correo a mis padres?
3	¿Puedo ver	a casa?
4	¿Puedo	ducharme?
5	¿Puedo cargar	la tele?
6	¿Puedo acostarme	mi móvil?

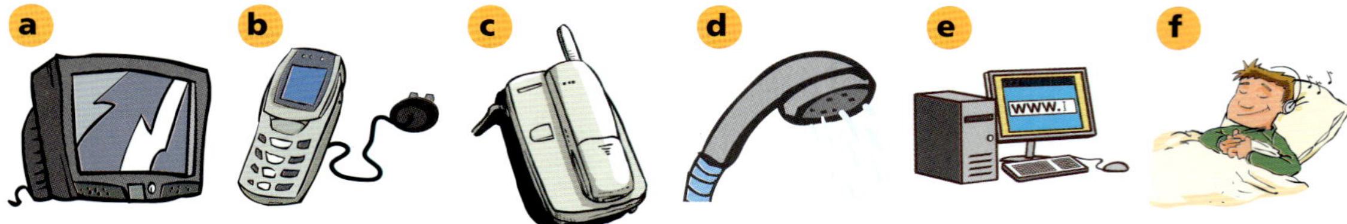

c before **e** or **i** is a *th* sound.
c before **a**, **o** or **u** is a *k* sound.
Listen and repeat these sentences.

Necesito un cepillo de dientes.

¿Puedo acostarme y cargar mi móvil?

5 **Con tu compañero/a, lee el diálogo A. Luego haz el diálogo B.**

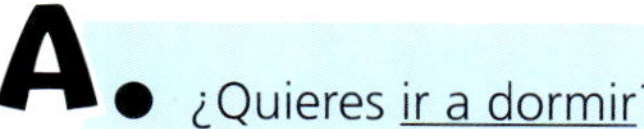

A
- ● ¿Quieres ir a dormir?
- ■ No, gracias. ¿Puedo ducharme?
- ● Sí. ¿Necesitas algo?
- ■ Necesito una toalla, por favor.
- ● ¿Necesitas jabón o champú?
- ■ No, gracias. Pero necesito un secador.

B

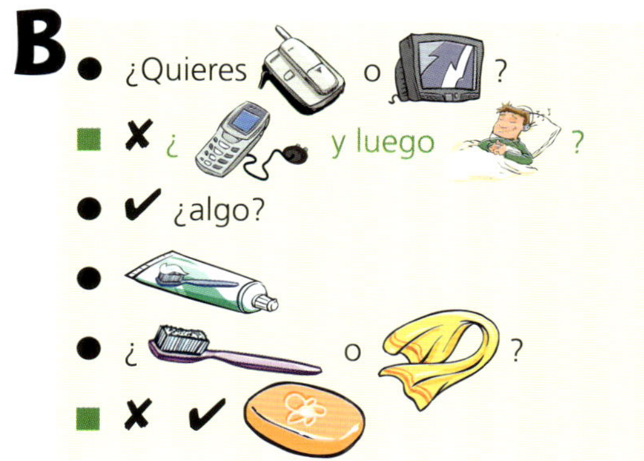

- ● ¿Quieres o ?
- ■ ✗ ¿ y luego ?
- ● ✔ ¿algo?
- ●
- ● ¿ o ?
- ■ ✗ ✔

6 **Escucha la canción. Luego busca las frases.**

Ejemplo: **1** ¿Quieres comer algo?

1 Do you want anything to eat?
2 You must phone home.
3 Do you want Coca-Cola or water?
4 How can I help you?
5 Do you want to charge your phone?
6 Do you want to sleep?

Bienvenido, bienvenido, mi casa es tu casa.
Mira cómo lo vamos a pasar – ¡bomba, bomba, bomba!

¿Qué tal el viaje? ¿Fue emocionante?
Debes llamar a casa y decir que fue interesante.

¿Tienes hambre, mi amigo? ¿Quieres comer algo?
¿Quieres Coca-Cola o agua? ¿Qué hay en el frigorífico?

Aquí en el cuarto de baño hay todo lo que necesitas.
Jabón, champú, un secador, toallas y mucho más.

Este es tu dormitorio – lo siento, es un poco pequeño.
Esta es tu cama … ¿Quieres dormir? ¿Ya tienes sueño?

¿Quieres cargar tu móvil o quizás ver la tele?
¿Necesitas algo más? ¿En qué puedo ayudarte?

7 **Escribe estas frases en español.**

Ejemplo: **1** Debo lavarme los dientes.

1 I must brush my teeth.
2 Can I go to bed now?
3 Do you want to phone home?
4 Do you want to watch the TV?
5 Can I eat something?
6 You must sleep.

Gramática

Modal verbs

These verbs are usually followed by an infinitive.

	deber *(to have to, must)*	**querer** *(to want to)*	**poder** *(to be able to, can)*
(yo)	debo	qu**ie**ro	p**ue**do
(tú)	debes	qu**ie**res	p**ue**des
(él/ella)	debe	qu**ie**re	p**ue**de
(nosotros/as)	debemos	queremos	podemos
(vosotros/as)	debéis	queréis	podéis
(ellos/ellas)	deben	qu**ie**ren	p**ue**den

Debes llamar a casa. *You must phone home.*
¿Quieres dormir? *Do you want to sleep?*
¿Puedo ducharme? *Can I take a shower?*

Para saber más **página 133; ej. 18**

3 En la estación

- Buying train tickets
- Using **usted**

1 Escucha y lee.

- Buenos días.
- Buenos días. ¿Qué quiere usted?
- Quiero dos billetes para Bilbao, por favor.
- ¿Sólo de ida o de ida y vuelta?
- De ida y vuelta. ¿Cuánto son?
- Son 12 euros.
- ¿A qué hora sale el tren?
- Sale a las 9:48.
- ¿De qué andén sale?
- Sale del andén 2.
- ¿Y a qué hora llega?
- Llega a las 11:05.
- ¿Es directo?
- Sí, es directo. No hay que cambiar.

Usted is the formal singular 'you'. It uses the same verb form as 'he/she'.

¿Qué quiere usted? *What do you want?*

2 Escucha y escribe la información que falta.

	DESTINO	ANDÉN	SALIDA	LLEGADA	DIRECTO
1	Bilbao	?	8:18	10:35	✘
2	?	5	20:34	22:47	✔
3	Bérriz	6	11:18	13:50	?
4	Durango	3	?	10:12	✔
5	Eibar	1	20:43	?	✔

3 Con tu compañero/a, haz estos diálogos, cambiando los datos subrayados del ejercicio 1.

The 24-hour clock is used when talking about travel times.

13:21	las trece veintiuno
15:46	las quince cuarenta y seis
22:05	las veintidós cero cinco

A

SAN SEBASTIÁN ⟷

1×

43 €
9:57 – 12:39
andén 3
✘

B

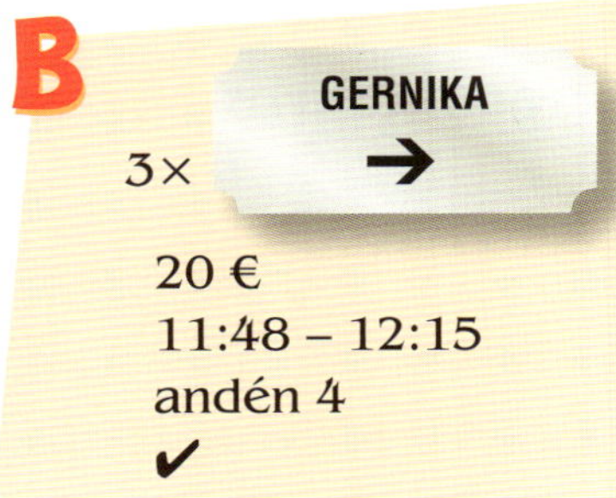

3×

20 €
11:48 – 12:15
andén 4
✔

C

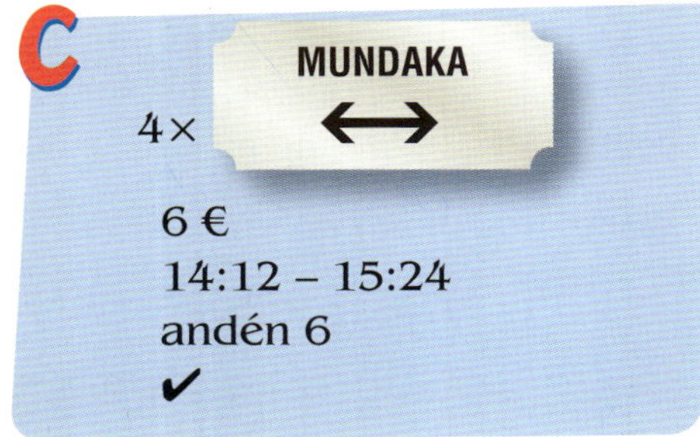

4×

6 €
14:12 – 15:24
andén 6
✔

D

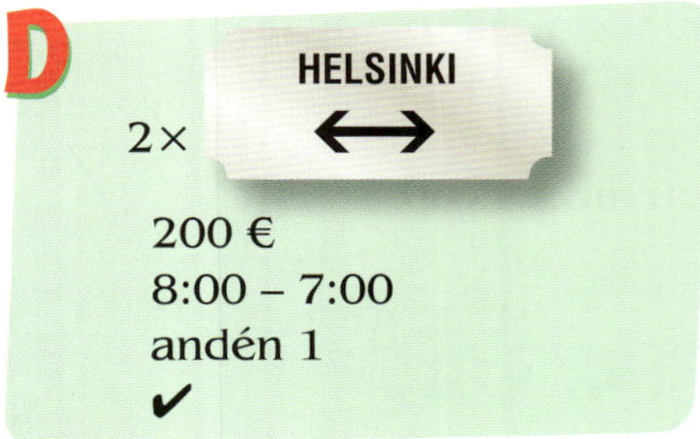

2×

200 €
8:00 – 7:00
andén 1
✔

4 Lee la conversación y luego contesta a las preguntas en español.

Ejemplo: **1** Iñaki fue de excursión a Gernika con su amigo inglés Liam.

miespacio.com

Iñakiku	Ay ¡qué horror! Ayer fui de excursión con mi amigo inglés Liam. Fuimos a Gernika en tren. Normalmente, el viaje dura treinta minutos, pero ayer duró ciento cincuenta minutos. El tren salió de la estación de Bermeo a las 10:15, paró en la estación de Mundaka y luego diez minutos más tarde paró en medio de ninguna parte y tuvimos que esperar dos horas en el tren. Jugamos a las cartas, jugamos al veintiuno. Hablamos mucho también. Liam mandó mensajes a sus amigos en Inglaterra. Yo escuché música y llamé a mis padres y dormí un rato, pero tuve una pesadilla. Soñé con monstruos y aliens en el tren. ¡Qué miedo!
KaTiTa	Y luego ¿qué pasó?
Iñakiku	Pues el tren llegó por fin y fuimos al Museo de la Paz que es muy interesante.
KaTiTa	¿De verdad? No lo conozco. Voy a ir con mi amiga Leyre …

parar = *to stop*
en medio de ninguna parte = *in the middle of nowhere*
pesadilla = *nightmare*

1. ¿Adónde fue Iñaki de excursión? ¿Y con quién?
2. ¿Cómo viajaron?
3. ¿Cuánto tiempo dura el viaje normalmente?
4. ¿Cuánto tiempo duró el viaje ayer?
5. ¿A qué hora salió el tren?
6. ¿Dónde paró?
7. ¿Qué hizo Liam?
8. ¿Cómo es el Museo de la Paz?

5 Describe este viaje a tu amigo/a español(a).

Manchester (fui a ...)
train (fui en ...)
with Millie (fui con ...)
normally – 1 hour (normalmente ...)
yesterday – 3 hours (pero ayer ...)
listened to music, sent emails on phone, played with Gameboy (escuché música ...)
arrived at 13:00 (llegué a las ...)
went shopping

Gramática

tener — *to have*
tener que + infinitive — *to have to*

The preterite of **tener** is irregular:

tuve	*I had*
tuviste	*you had*
tuvo	*he/she had*
tuvimos	*we had*
tuvisteis	*you (plural) had*
tuvieron	*they had*

Tuve una pesadilla. — *I had a nightmare.*
Tuvimos que esperar. — *We had to wait.*

Mini-test

I can
- say what I need
- ask permission
- buy a train ticket
- **G** use modal verbs
- **G** use the preterite of **tener**

4 Una excursión a Bilbao

- Learning about Bilbao
- Using three tenses together

1 Escucha la información sobre Bilbao. Escribe las letras en el orden correcto.

a

el Museo Guggenheim

b

el puente Zubizuri

c

la Catedral de Santiago

d

la Plaza Moyúa

e

el Teatro Arriaga

f

el Palacio de Congresos y de la Música

g

el casco viejo

h

el Museo de Bellas Artes de Bilbao

2 Con tu compañero/a, haz diálogos.

- A mí me gusta sacar fotos.
- Deberías ir a la Plaza Moyúa.

a

b

c

d

e

f

Remember that in the conditional, **deber** *(to have to, must)* means *should*.

It's followed by an infinitive.

Deberías visitar el casco viejo.
You should visit the old town.

A mí me gusta	el arte la historia la música ir de compras ir al teatro sacar fotos
Deberías	visitar el/la … ir al/a la …

escuchar **3 Escucha y lee.**

Liam: A ver, Iñaki, mañana vamos a ir a Bilbao en tren con Katia y Leyre. Leyre es muy guapa, me gusta mucho. ¿Qué vamos a visitar? Tenemos que hacer algo guay. Quiero impresionar a Leyre.

Iñaki: Vamos a visitar el casco viejo. Hay muchas tiendas y comercios. A Katia le encanta ir de compras, creo que va a comprar una falda. Luego podemos ir a un bar a comer un pincho.

Liam: Leyre quiere comprar algo también, seguro. A ella le gusta mucho ir de compras. ¡Qué rollo!, prefiero ir de pinchos. A mí me gusta sacar fotos. ¡Tengo una cámara de fotos nueva! Voy a sacar una foto de Leyre en la Catedral de Santiago y me gustaría visitar el Teatro Arriaga.

Iñaki: Deberías sacar una foto de la Plaza Moyúa también. Es muy bonita. Y podemos visitar el Museo Guggenheim de arte contemporáneo.

Liam: A Leyre le encanta el arte, ¡genial! Katia y Leyre quieren ir al Museo de Bellas Artes de Bilbao. Vamos a ir con ellas.

Iñaki: Otro edificio que vamos a visitar es el Palacio de Congresos y de la Música. Es muy moderno.

Liam: Y vamos a cruzar el gran puente Zubizuri que es muy famoso.

¡qué rollo! = *It's a complete drag*

Remember that **me gustaría** *(I would like)* is the conditional of **me gusta**.

leer **4 Busca estos verbos en español en el texto y escríbelos en la columna correcta.**

Present tense	Near future tense	Conditional
	vamos a ir	

1 we are going to go
2 we are going to visit
3 she loves to go shopping
4 she is going to buy
5 I like to take photos
6 I would like to visit
7 you should take a photo
8 we can visit
9 they want to go
10 we are going to cross

escribir **5 Traduce las frases al español.**

1 I like to take photos, so I would like to buy a camera.
2 We are going to the old town of Bilbao, there are many shops there.
3 What time should we go?
4 We should go tomorrow in the morning. It is too hot in the evening.
5 Great! I am going to take lots of photos.
6 We can go to a restaurant too. I would like to eat a *pincho*.

5 Un abrazo desde Bilbao

- Writing a letter
- Forming complex sentences

escuchar 1 Escucha. Copia y rellena la tabla.

Ayer	c, ...
Mañana	

Escucha otra vez y completa las frases en inglés.

Ejemplo: **1** Liam doesn't like playing table football.

1. Liam doesn't like playing ...
2. Next they went to ...
3. They saw the cathedral and ...
4. Liam quite liked ...
5. Later they went to ...
6. Iñaki didn't ...
7. He likes the museum ...
8. Tomorrow they are going to ...
9. Iñaki doesn't like ...
10. They are taking the train because ...

Con tu compañero/a, practica el diálogo. Luego cambia las frases subrayadas utilizando los dibujos.

- ¿Qué hiciste ayer en Bilbao?
- Primero fui <u>al puente Zubizuri</u> y lo pasé <u>fenomenal</u>. Luego fui <u>al Museo Guggenheim</u> y lo pasé <u>bien</u>.
- ¿Qué vas a hacer mañana?
- Primero voy a ir <u>al casco viejo</u> y voy a <u>sacar fotos</u>. Más tarde voy a <u>ir de compras</u> <u>en el mercado</u>.

Ayer ... el Palacio de Congresos y de la Música
el Museo de Bellas Artes de Bilbao

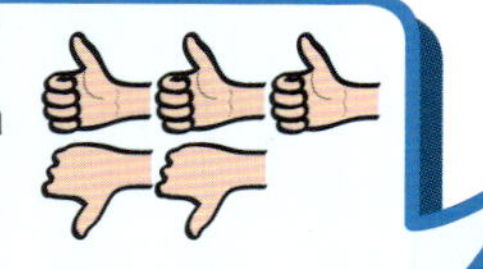

Mañana ...

Try to vary the time expressions and connectives you use.

además	*what's more*
sin embargo	*however*
por eso	*so, therefore*

4 Lee la carta. Luego lee las frases. ¿Verdadero (V) o falso (F)?

Ejemplo: **1** F

1. Iñaki fue a Bilbao con Liam, Katia y Lily.
2. En el tren jugaron a las cartas y Liam ganó.
3. A Iñaki no le gusta hacer turismo porque es aburrido.
4. Iñaki fue al Museo Guggenheim pero no fue a la cafetería.
5. Mañana van a ir a la playa de Mundaka.
6. Iñaki va a nadar en el agua porque está caliente.

Lily Adams
28 Gloucester Place
London
W1H 3FG
Reino Unido

Bermeo, 5 de mayo

¡Querida Lily!

¿Cómo estás? Ayer fui a Bilbao con tu hermano Liam y dos chicas, Katia y Leyre. Fuimos en tren porque es muy rápido y además es muy cómodo. Jugamos a las cartas, al veintiuno. Gané, como siempre ☺

El tren llegó a Bilbao a las diez e hicimos turismo en el casco viejo. Normalmente no me gusta mucho hacer turismo porque es aburrido, sin embargo ayer lo pasé bomba. Liam y Katia son muy divertidos. Vimos la Catedral de Santiago y el Teatro Arriaga. Liam sacó muchas fotos, sobre todo de Leyre, je je …

Más tarde fuimos al Museo Guggenheim pero no entré. Fui a una cafetería donde escuché música, comí un pincho y un bocadillo y bebí una limonada.

Mañana vamos a ir a la playa de Mundaka. El agua no está muy caliente, por eso no voy a nadar. Voy a tomar el sol, voy a hacer surf y jugar al fútbol.

Un abrazo desde Bilbao …

Iñaki

5 Escribe una carta de Bilbao a un amigo/a español(a). Utiliza la carta del ejercicio 4 como modelo.

- *Start your letter correctly:*
  ¡Querido/a …!
- *Ask how your friend is:*
  ¿Cómo estás?
- *Say where you went yesterday, who with, how and what you did:*
  Ayer fui a Bilbao con …
  Vi/Vimos … Hice/Hicimos … Fuimos …
- *As well as using 'I' and 'we', use 'he/she':*
  (Jorge/María) compró …/sacó …/jugó …
- *Say what you normally do/like to do:*
  Normalmente …
- *Say what you are going to do tomorrow:*
  Mañana vamos a ir …
  Voy a …, (Jorge/María) va a …
  Me gustaría …
- *Give reasons and opinions:*
  … porque …
  Es/Fue/Va a ser …
- *Use a range of time expressions, frequency expressions and connectives:*
  Primero, luego, después, más tarde …
  También, cuando, además, sin embargo, por eso …
- *End your letter correctly:*
  Un abrazo desde Bilbao …

Gramática

Ir, hacer and ver

These are important irregular verbs. Make sure you know them in these three tenses.

	Pretérito	**Presente**	**Futuro inmediato**
ir *(to go)*			
I	fui	voy	voy a ir
he/she	fue	va	va a ir
we	fuimos	vamos	vamos a ir
hacer *(to do, to make)*			
I	hice	hago	voy a hacer
he/she	hizo	hace	va a hacer
we	hicimos	hacemos	vamos a hacer
ver *(to see, to watch)*			
I	vi	veo	voy a ver
he/she	vio	ve	va a ver
we	vimos	vemos	vamos a ver

Para saber más **página 131–2; ej. 15,16**

Resumen

Unidad 1

I can

■ *start and end a letter correctly*	¡Querido Liam! ¡Hasta pronto!
■ *describe where I live*	Está en el norte de Inglaterra.
■ *suggest things to see and do*	¿Te gustaría ir a un partido de fútbol del Liverpool?
■ *make and respond to introductions*	Este es mi padre. Mucho gusto.
■ *make and respond to enquiries*	¿Tienes hambre? No, gracias, pero tengo sed.
■ *ask and say how the journey was*	¿Qué tal el viaje? Fue aburrido y muy largo.
G *use* **este/esta/estos/estas**	Esta es mi madre. Estos son mis perros.

Unidad 2

I can

■ *ask someone whether they need anything*	¿Necesitas algo?
■ *say what I need*	Necesito un cepillo de dientes, una toalla, champú …
■ *invite a visitor to do something*	¿Quieres llamar a casa/ver la tele?
■ *ask permission to do something*	¿Puedo escribir un correo a mis padres?
G *use modal verbs*	¿**Puedo** acostarme? **Debo** lavarme los dientes. ¿**Quieres** ir a dormir?

Unidad 3

I can

■ *buy a train ticket*	Quiero un billete de ida y vuelta para …
■ *ask when the train leaves and arrives*	¿A qué hora sale el tren? ¿A qué hora llega?
■ *ask which platform it goes from*	¿De qué andén sale?
■ *understand the 24-hour clock*	Llega a las quince treinta.
G *use the preterite of* **tener**	**Tuve** una pesadilla. **Tuvimos** que esperar.

Unidad 4

I can

■ *say what someone should do*	Deberías ir al Museo de Bellas Artes.
■ *talk about the past, present and future*	Ayer fui a Bilbao con mis amigos. A mí me gusta sacar fotos. Voy a sacar muchas fotos.
■ *say what I would like to do*	Me gustaría visitar el casco viejo.
G *use the conditional of* **deber**	**Deberías** visitar el casco viejo.

Unidad 5

I can

■ *use time expressions and connectives*	Normalmente …, sin embargo …, más tarde …
■ *write a letter, using a mixture of tenses*	¡Querida Lily! Ayer visité la catedral. Normalmente no me gusta visitar monumentos. Mañana voy a visitar el puente Zubizuri. Un abrazo desde Bilbao.
G *use the preterite of* **ir**, **hacer** *and* **ver**	**Hicimos** turismo. **Fuimos** al Museo Guggenheim donde **v** una exposición muy interesante.

1 Copia la tabla y rellena la información sobre los trenes. (1–5)

	Destino	Salida	Llegada	Andén
1	Barcelona			

2 Copia el texto de Leyre y complétalo con palabras del cuadro. (Sobra una palabra.)

Ayer fui a Vitoria con mi amiga y sus padres. (1)Me gustó mucho. Fuimos en tren. El viaje (2)___ bastante interesante. (3)___ música y mandé mensajes a mis amigos. Katia jugó con su Gameboy. Vitoria es la capital del País Vasco y (4)___ una ciudad histórica y muy bonita.

Visitamos el (5)___ de Ciencias Naturales y luego fuimos al casco viejo. (6)___ la Catedral de Santa María y (7)___ unas fotos muy buenas.

(8)___ en un restaurante en el centro. ¡Qué rico! Después de la comida, jugué a la pelota en la calle – es un deporte tradicional vasco.

Museo vimos fue comimos escuché saqué ~~me gustó~~ es visitamos

3 Imagina que fuiste a Bilbao ayer. Con tu compañero/a, pregunta y contesta.

- ¿Adónde fuiste?
- ¿Con quién fuiste?
- ¿Cómo fuiste?
- ¿Qué hiciste?
- ¿Te gustó? ¿Por qué?
- ¿Qué vas a hacer mañana?

4 Escribe planes para una visita a San Sebastián. Utiliza estas ideas.

Mañana vamos a visitar San Sebastián ...
A mí me gusta ... Voy a ...
A Ana le gusta ... Va a ...

**playa – natación
museo
restaurante**

¡Extra!

- Learning about regions of Spain
- Coping with authentic texts

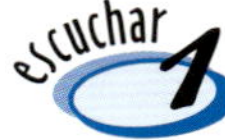

escuchar 1 **Escucha. Copia y rellena la ficha en inglés.**

Region	Basque Country
Situation	
Population	
Capital	
Other important cities	
Languages	
Geographical features	
Activities	

hacer alpinismo = *to go climbing*
hacer senderismo = *to go hiking*

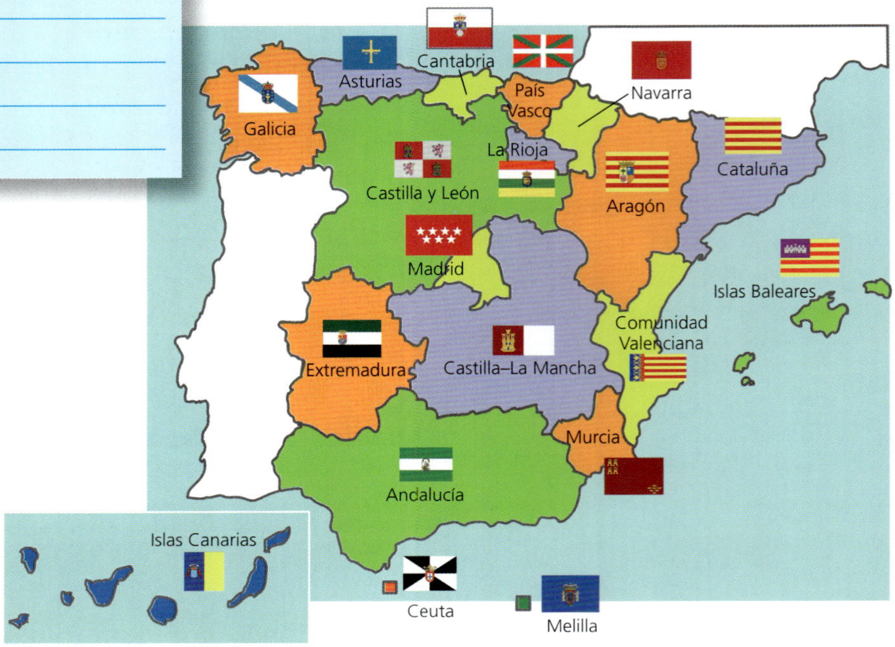

En España hay 17 comunidades autónomas y dos ciudades autónomas, Ceuta y Melilla.

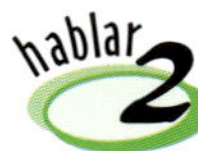

hablar 2 **Con tu compañero/a, pregunta y contesta sobre el País Vasco.**

- ¿Cómo se llama la región?
- ¿Dónde está?
- ¿Cuántos habitantes tiene?
- ¿Cómo se llama la capital?
- ¿Hay otras ciudades importantes?
- ¿Qué idiomas hablan?
- ¿Cómo es la geografía?
- ¿Qué se puede hacer en la región?

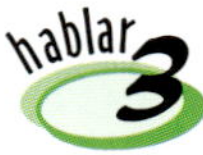

hablar 3 **Con tu compañero/a, pregunta y contesta sobre Extremadura.**

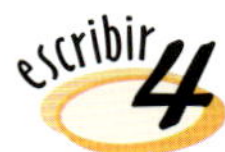

escribir 4 **Escribe un párrafo sobre el País Vasco o Extremadura.**

Extremadura

Situación:	Oeste
Habitantes:	1.086.000
Capital:	Mérida
Otras ciudades importantes:	Badajoz, Cáceres
Idiomas:	castellano
Geografía:	montañas, ríos
Actividades:	alpinismo, ciclismo, senderismo

5 Lee el texto y termina las frases en inglés.

Ejemplo: **1** All year round, the temperatures in the Basque Country are mild.

Look back at pages 18, 55 and 72 for tips on how to deal with challenging texts like this.

www.paisvasco.net

El País Vasco

Clima

El clima del País Vasco es de tipo oceánico, húmedo en la costa y continental en el interior. Las temperaturas son suaves a lo largo de todo el año, con lluvias más frecuentes en la primavera y el otoño, inviernos benignos y veranos no excesivamente calurosos. La temperatura media en verano es de 20° C y en invierno de 8° C.

Horarios laborales

Los horarios laborales más frecuentes en oficinas y despachos son los siguientes:
Mañanas de 9 a 13 horas.
Tardes de 16 o 17 a 19 horas.
Los sábados la mayor parte de las empresas y oficinas están cerradas.

Horarios de comidas

Las horas de comida habituales son las siguientes:
Desayuno: de 8 a 10 horas.
Comida: de 13,30 a 15,30 horas.
Cena: de 21 a 23 horas.

Idiomas

El País Vasco tiene dos idiomas oficiales: el euskera y el castellano. El castellano es hablado por la totalidad de los habitantes. El euskera, de uso más restringido, es el idioma propio y original del País Vasco.

1 All year round, the temperatures in the Basque Country are …
2 Rain is more frequent in …
3 The summers are not excessively …
4 In the morning, people work from … to …
5 In the afternoon, people work from … to …
6 Most offices are closed on …
7 Breakfast is normally from … to …
8 Lunch is normally from …to …
9 Dinner is normally from … to …
10 In the Basque Country, everyone speaks …

6 ¿Te gustaría visitar el País Vasco? Con tu compañero/a, haz un diálogo utilizando expresiones del texto.

7 Elige una comunidad autónoma. Busca información sobre la región en internet y rellena la ficha del ejercicio 1.
Escribe un reportaje sobre la región. ¿Te gustaría visitar esta región? Da tu opinión con razones.

Palabras

Me presento	***Let me introduce myself***
¡Querido/a …!	*Dear …*
Tengo … años.	*I'm … years old.*
Vivo en … con …	*I live in … with …*
Bermeo está en el País Vasco.	*Bermeo is in the Basque Country.*
Es un pueblo en la costa.	*It's a village on the coast.*
Durante tu visita, vamos a …	*During your visit, we're going to …*
También quiero ir a …	*I also want to go to …*
¿Te gustaría ir a …?	*Would you like to go to …?*
Tengo muchas ganas de conocerte.	*I'm really looking forward to meeting you.*
Hasta pronto.	*See you soon.*
Está en el …	*It's in the …*
norte	*north*
sur	*south*
oeste	*west*
este	*east*
… de España.	*… of Spain.*

Te presento a …	***Let me introduce …***
Mucho gusto.	*Pleased to meet you.*
Este es mi padrastro y esta es mi hermana.	*This is my stepfather and this is my sister.*
¿Qué tal el viaje?	*How was the journey?*
Muy bien, gracias.	*Very good, thank you.*
¿Tienes hambre/sed?	*Are you hungry/ thirsty?*
No tengo hambre pero tengo sed.	*I'm not hungry but I am thirsty.*
¿Quieres agua?	*Do you want some water?*
¿Tienes sueño?	*Are you sleepy?*
Estoy un poco cansado/a.	*I am a little tired.*
¿Quieres ir a dormir?	*Do you want to go to bed?*

¿Necesitas algo?	***Do you need anything?***
Necesito …	*I need …*
un cepillo de dientes	*a toothbrush*
champú	*shampoo*
jabón	*soap*
pasta de dientes	*toothpaste*
una toalla	*a towel*
un secador	*a hairdryer*
¿Puedo …	*Can I …*
escribir un correo a mis padres?	*send an email to my parents?*
llamar a casa?	*phone home?*
ver la tele?	*watch TV?*
ducharme?	*have a shower?*
cargar mi móvil?	*charge my mobile?*
acostarme ahora?	*go to bed now?*
Debo llamar a casa.	*I must phone home.*
Debes dormir.	*You must sleep.*

En la estación	***At the station***
¿Qué quiere usted?	*What do you want?*
Quiero dos billetes para …, por favor.	*I want two tickets to …, please.*
¿Sólo de ida o de ida y vuelta?	*Single or return?*
¿Cuánto son?	*How much are they?*
Son … euros.	*They're … euros.*
¿A qué hora sale/llega el tren?	*What times does the train leave/arrive?*
Sale/Llega a las …	*It leaves/arrives at …*
¿De qué andén sale?	*Which platform does it leave from?*
Sale del andén …	*It leaves from platform …*
¿Es directo?	*Is it direct?*
(No) hay que cambiar.	*You (don't) have to change.*

Una excursión	An outing
A mí me gusta …	*I like …*
ir de compras	*going shopping*
ir al teatro	*going to the theatre*
el arte	*art*
la historia	*history*
la música	*music*
sacar fotos	*taking photos*
Deberías visitar …	*You should visit …*
el casco viejo	*the old town*
el Museo de Bellas Artes de Bilbao	*the Bilbao Fine Arts Museum*
el Museo Guggenheim	*the Guggenheim Museum*
el Palacio de Congresos y de la Música	*the Conference Centre and Concert Hall*
el puente Zubizuri	*the Zubizuri Bridge*
el Teatro Arriaga	*the Arriaga Theatre*
la Catedral de Santiago	*Santiago Cathedral*
la Plaza Moyúa	*Moyúa Square*
Deberías ir al/a la …	*You should go to the …*

¿Qué hiciste?	What did you do?
¿Qué hiciste ayer en Bilbao?	*What did you do in Bilbao yesterday?*
Primero fui a la catedral.	*First I went to the cathedral.*
Luego fui al Museo Guggenheim.	*Then I went to the Guggenheim Museum.*
Lo pasé fenomenal/bien.	*I had a fantastic/good time.*
¿Qué vas a hacer mañana?	*What are you going to do tomorrow?*
Primero voy a ir al/a la …	*First I'm going to go to the …*
Voy a sacar fotos.	*I'm going to take photos.*
Más tarde voy a ir de compras.	*Later I'm going to go shopping.*

Palabras muy útiles	Very useful words
tengo	*I have*
tengo que	*I have to*
además	*what's more*
sin embargo	*however*
por eso	*so, therefore*

Estrategia

Vary your constructions

- Make your Spanish richer by showing that you can use modal verbs followed by an infinitive.
  Debo llamar a casa.
  I have to phone home.
  Quiero ducharme.
  I want to have a shower.
  ¿Puedo cargar mi móvil?
  Can I charge my mobile?
- Show that you can use the conditional followed by an infinitive, too.
  Deberías visitar la catedral.
  You should visit the cathedral.
  Deberíamos ir al Museo Guggenheim.
  We should go to the Guggenheim Museum.
  Me gustaría visitar el Teatro Arriaga.
  I'd like to visit the Arriaga Theatre.

Te toca a ti A

Unjumble the sentence starters and then cure the computer virus to complete the sentences logically.

Example: **1** Todos los días leo y escribo correos.

1 los y días leo Todos escribo …
2 cuando vez De descargo en …
3 tarde la navego Por …
4 semana de Los hago fines …
5 en De compro vez cuando …
6 la a veo Dos semana veces …
7 Nunca …
8 juego veces A …

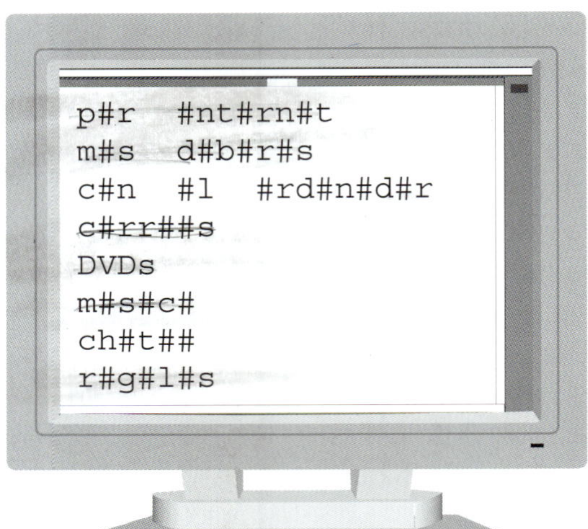

p#r #nt#rn#t
m#s d#b#r#s
c#n #l #rd#n#d#r
c#rr##s
DVDs
m#s#c#
ch#t##
r#g#l#s

Read the texts. True (T), false (F) or not mentioned (NM)?

Example: **1** F

1 Lola hates sports programmes.
2 Joaquín likes documentaries.
3 Joaquín thinks documentaries are educational.
4 Lola doesn't like the news.
5 Joaquín likes cartoons.
6 Lola thinks cartoons are stupid.
7 Joaquín likes the weather.
8 Lola thinks soaps are exciting.

Me gustan mucho los programas de deporte – no son aburridos, son muy interesantes – pero no me gustan nada las telenovelas como 'Ugly Betty'. No son emocionantes, son muy tontas.

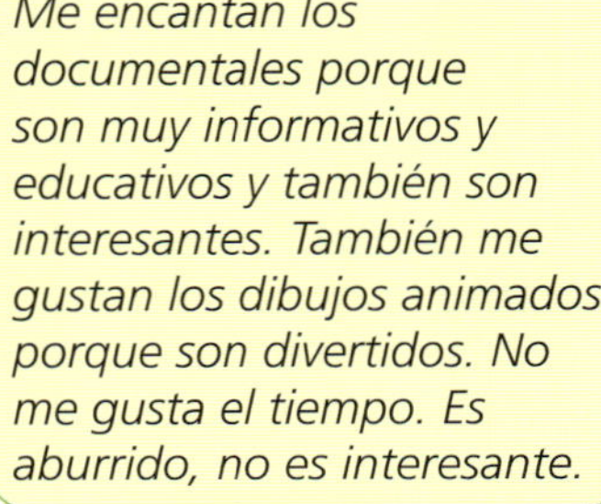

Me encantan los documentales porque son muy informativos y educativos y también son interesantes. También me gustan los dibujos animados porque son divertidos. No me gusta el tiempo. Es aburrido, no es interesante.

Lola

Joaquín

Write out these sentences.

Example: **1** Las películas del Oeste son menos divertidas que las comedias.

Leyenda
↑ = más … que
↓ = menos … que

1  ↓ divertidas .

2 ↑ emocionantes .

3  ↓ interesantes .

4  ↓ informativos .

5  ↑ educativas .

6  ↑ aburridas .

1 *Who is speaking? Alejandro or Patricia? Write A or P.*

Example: **1** A

No me gustan nada las telenovelas. Son muy aburridas. Prefiero los documentales o los programas de deporte. Me interesa el telediario y también el tiempo pero odio los programas de tele-realidad. Son malos. Mi programa favorito se llama 'Ayer'. Es un documental.

Patricia

Odio las comedias y también los dibujos animados. Son tontos. No son interesantes. Me encantan los concursos porque son informativos y educativos pero no me gusta nada el telediario. Es aburrido. Mi programa favorito se llama 'Los desparecidos'. Es una serie de policías.

1 *I hate comedies.*

2 *I don't like soaps.*

3 *I love game shows.*

4 *I prefer documentaries.*

5 *The news is interesting.*

6 *The news is boring.*

2 *Write three sentences using all of the words in the box each time. There is more than one right answer!*

Example: **1** Las películas de artes marciales son menos divertidas que las comedias, pero más emocionantes que las películas de ciencia-ficción.

1

son	películas	de
que	pero	menos
marciales	las	que
más	de	divertidas
artes	películas	las
comedias	emocionantes	
las	ciencia-ficción	

2

son	acción	las
películas	amor	que
los	interesantes	
de	películas	las
menos	pero	de
divertidas	animados	
más	que	dibujos

3

que	de	las
terror	películas	
aburridas	las	y
de	guerra	tontas
las	del	más	Oeste
películas	son	que
menos	películas	

3 *Yesterday you went to the cinema. Write a blog about the film you saw.*

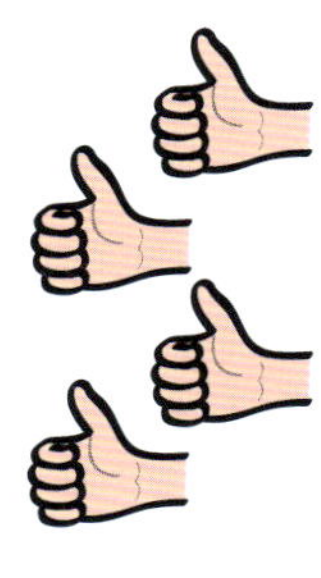

Te toca a ti A

leer 1 ***Which subjects does each person mention? Write the letters.***

Example: Pablo: f, …

a b c d e f g

Aitor

Me gusta la tecnología porque es muy interesante y no es difícil.

No me gustan nada las matemáticas porque son difíciles y la profesora es muy aburrida. Se llama Anna Harvey y es la profesora menos paciente. Nunca escucha.

María

Estudio inglés. Me gusta mucho porque es muy útil y es más fácil que la historia. No me gusta nada la historia porque es difícil y el profesor no es divertido. Es muy, muy serio.

Diego

Estudio teatro, informática y geografía. Prefiero el teatro porque es más creativo que la geografía pero no me gusta mucho el profesor de teatro. Sus clases son buenas pero es el profe más severo.

leer 2 ***Read the texts again. Correct the following statements.***

Example: **1** A Pablo le gusta la tecnología porque es muy interesante y no es difícil.

1 A Pablo no le gusta la tecnología porque no es difícil.
2 Le gustan mucho las matemáticas porque son interesantes.
3 Lola estudia francés y geografía.
4 No le gusta mucho el inglés porque es más difícil que la historia.
5 Javier prefiere la informática.
6 No le gusta el profesor de teatro porque es el menos severo.

The verbs in the texts are in the 'I' form. The verbs in the statements are in the 'he/she' form.

me gusta *(I like)* → **le** gusta *(he/she likes)*
estudi**o** *(I study)* → estudi**a** *(he/she studies)*

escribir 3 ***Look at the picture and write down the rules of 'el Hippinstituto'.***

Example: **1** Se debe llevar joyas …

1 True (T), false (F) or not mentioned (NM)?

Example: **1** F

Me llamo Letizia. Tengo quince años de edad.
Mi instituto se llama Instituto Santa Cruz. Es bastante grande, hay mil alumnos y sesenta profesores. Hay muchas aulas y hay aulas de informática también. Me gusta mucho la informática.
Las clases empiezan a las ocho y media y terminan a las tres y media. Hay ocho clases al día.
Hay una biblioteca y hay laboratorios muy modernos. El patio es muy grande. También hay unas canchas de tenis y una piscina muy grande.
El recreo es a las once y la hora de comer es a la una. Comemos en el comedor, por supuesto. Llevo uniforme. Me gusta mucho mi instituto.

1 Letizia tiene catorce años.
2 Su instituto es muy pequeño.
3 No le gustan las matemáticas.
4 Hay seis clases al día.
5 Hace sus deberes en la biblioteca.
6 Hay una piscina muy grande.
7 El recreo es a las once y la hora de comer es a la una y media.
8 Le gusta mucho su instituto.

2 Write out these questions using the correct verbs, and then answer them using full sentences.

1 ¿A qué hora e~ las clases en tu instituto?
2 ¿A qué hora ~ las clases?
3 ¿Cuántas clases ~ al día?
4 ¿A qué hora ~ el recreo?
5 ¿Cómo ~ los profesores?
6 ¿Qué ~ ~ estudiar? ¿Por qué?
7 ¿Qué ~ ~ ~ el año que viene?
8 ¿~ muchas actividades extraescolares?
9 ¿Qué ~ la semana pasada después del instituto?
10 ¿Qué se p~ y que no se d~ hacer en tu instituto?

3 Copy out the text and complete it with the correct verbs.

Me llamo Carlos y (1) voy al Instituto Lope de Vega en Girona. Me gusta mucho mi instituto porque (2) ~ muchas actividades extraescolares.

(3) ~ en el coro todos los lunes. A veces (4) ~ al club de fútbol, pero cuando llueve no me apetece jugar, entonces (5) ~ al ajedrez. Si hace buen tiempo, juego en el equipo de voleibol los martes.

Ayer en la hora de comer (6) ~ en el equipo de voleibol en el gimnasio. (7) ~ muy divertido. Luego después del insti (8) ~ natación. Un poco más tarde jugué al fútbol con mis amigos en el patio.

Mañana (9) ~ ~ ~ al club de idiomas en la hora de comer y por la tarde (10) ~ ~ ~ en el coro. Vamos a cantar para los padres la semana que viene y tenemos que practicar. (11) ~ a ser fenomenal.

no me apetece = *I don't feel like*

Te toca a ti A

leer **1** ***Héctor Hipocondríaco's mum has written some notes for him. For each medicine, write down in English how often he has to take it.***

Example: **1** Once a day

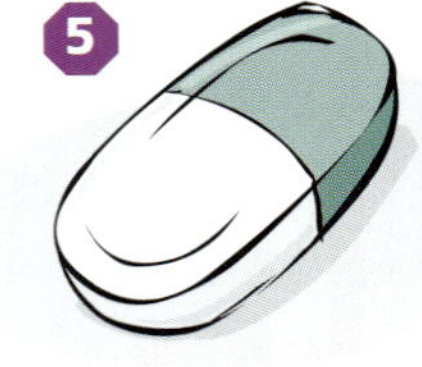

1. Hay que tomar este jarabe una vez al día.
2. Hay que tomar estas pastillas dos veces al día.
3. Hay que tomar estas aspirinas tres veces al día.
4. Hay que usar esta crema por la mañana.
5. Hay que tomar estas pastillas por la tarde.

escribir **2** ***Separate out the foods, then write a sentence about each one.***

Example: La fruta es comida sana.

✔ Es comida sana ✘ No es comida sana

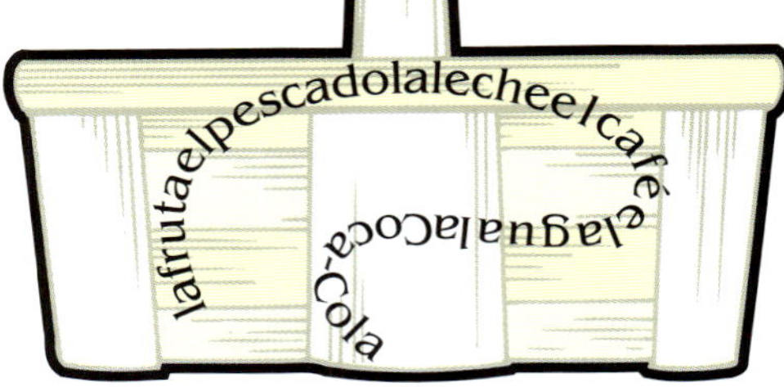

escribir **3** ***Write a sentence for each picture.***

Example: **1** Tengo tos.

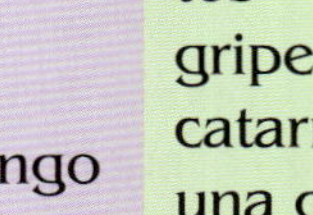
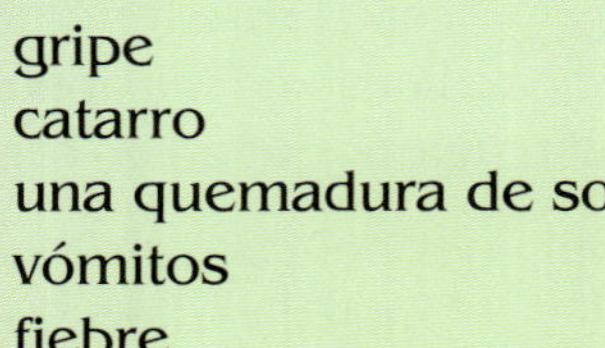
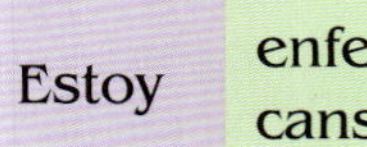

Tengo	diarrea tos gripe catarro una quemadura de sol vómitos fiebre una picadura
Estoy	enfermo cansado

1 Unjumble these sentences, then match each one to the correct picture.

1 debes dormir al ocho vida horas una día llevar más sana Para
2 llevar menos una caramelos Para vida más comer sana debes
3 Para más debes llevar beber vida agua sana frecuentemente una
4 no Para tomar llevar drogas una más vida sana debes
5 no llevar debes una beber vida muchos sana Para refrescos más
6 comer Para no una llevar vida más comida sana debes basura

2 Read Luis's text and put the English sentences into the order of the text:

Example: **c** I don't feel well.

a I go swimming at 7.
b I only slept four hours.
c I don't feel well.
d I am going to eat fruit and vegetables.
e It's bad for your health.
f I smoked some cigarettes too.
g On Saturday night I went to the disco.
h My ears hurt a lot.

No me encuentro bien. Me duelen los oídos desde hace dos días.

El sábado por la noche fui a la discoteca con mi hermana. Bailamos salsa y lo pasamos bomba, pero ahora me duelen mucho los oídos. Dormí solamente cuatro horas y normalmente los domingos por la mañana hago natación a las siete, pero ayer no pude ir.

También fumé unos cigarrillos. No sé por qué. No me gusta nada fumar. ¡Qué horror! No es sano – es perjudicial para la salud.

Hoy – lunes – voy a comer una dieta sana. Voy a comer fruta y verduras y voy a beber mucha agua. Luego me voy a sentir mejor.

Luis

3 Answer the questions in Spanish in full sentences.

Example: **1** A Luis le duelen los oídos.

1 ¿Qué le duele a Luis?
2 ¿Adónde fue el sábado por la noche?
3 ¿Con quién fue?
4 ¿Qué hace normalmente Luis los domingos por la mañana?
5 ¿Por qué no le gusta fumar?
6 ¿Qué va a comer hoy?

Te toca a ti A

1 ***Write sentences using the symbols.***

Example: **1** Lavo el coche y hago de canguro. Con mi dinero compro revistas, CDs y DVDs.

2 ***Who is talking? Sergio or Carolina?***

3 ***Write out what the other person in exercise 2 would say.***

4 ***Read Tania's email. Copy out the sentences and complete them in English.***

Example: **1** Tania is a designer.

Me llamo Tania y soy diseñadora. Trabajo en una oficina. Me encanta mi trabajo. Trabajo con un equipo muy grande. Creo que soy bastante dinámica. También soy ambiciosa. La creatividad y la variedad son importantes para mí. El año pasado fui a Inglaterra para trabajar. Fui a Newcastle para un proyecto. Me gustó mucho. Lo pasé guay.

1 Tania is a ~~~.
2 She works in an ~~~.
3 She works with ~~~.
4 She thinks she is quite ~~~.
5 She is also ~~~.
6 ~~~ and ~~~ are important to her.
7 Last year she went to ~~~.
8 She had a ~~~ time.

1 ***Which is the odd one out? Give a reason for your choice.***

Example: **1** c – 'trabajo' is regular, the other verbs are irregular in the first person

1	**a** hago	**b** pongo	**c** trabajo
2	**a** reparto	**b** compro	**c** paseo
3	**a** lava	**b** plancho	**c** limpia
4	**a** me gusta	**b** me importa	**c** me encantan
5	**a** tendré	**b** compraré	**c** iré
6	**a** jugaré	**b** me casaré	**c** comeré
7	**a** comerá	**b** comprará	**c** beberé
8	**a** trabajé	**b** comí	**c** lavé
9	**a** fui	**b** gané	**c** limpié
10	**a** trabajó	**b** ganó	**c** escribió

2 ***Write 10 sentences, using one verb from each line in exercise 1. Translate your sentences into English.***

3 ***Answer the questions in English.***

Me llamo Fernando. El año pasado trabajé en una cafetería en Barcelona. Puse las mesas, lavé los platos y limpié un poco después de la cena. Me gustó el trabajo pero no gané mucho dinero.

Este año trabajo en un restaurante en Barcelona como camarero y me gusta mucho porque hay mucha gente. Hablo inglés y español. Empiezo a las diez de la mañana y termino a las once de la noche. Soy bastante trabajador.

El año que viene voy a estudiar francés. Con los idiomas se puede viajar y se puede conocer a gente. Me gusta mucho trabajar en contacto con la gente. No me gustaría nada trabajar solo. Luego voy a ir a Francia. Me encantaría trabajar en una cafetería en París.

1. What did Fernando do last year?
2. What exactly were his duties?
3. Where is he working this year?
4. Which languages does he speak?
5. At what time does he start and finish work?
6. What is he going to do next year?
7. What does he say about languages?
8. Where would he love to work?

4 ***Rewrite Fernando's text, changing five details in each paragraph.***

Te toca a ti A

1 ***Put the drawings into the order of the text.***

Example: c, ...

Hispanoamérica es una tierra con mucha diversidad.

El río más largo de América es el río Amazonas. Y con el río viene la selva amazónica, el 'pulmón' del planeta.

Hay grandes montañas: la cordillera de los Andes. El pico más alto está en Argentina, se llama el Aconcagua. Hay volcanes activos, el Popocatépetl por ejemplo.

También hay desiertos y llanuras tranquilas.

2 ***Complete the words and put them in the right order to make sentences. Then match them up to the correct picture.***

1 N_   _n_rg_ _   c_ns_m_r   d_b_r_ _m_s   d_m_s_ _ d_

2 c_mpr_r   pr_d_ct_s   D_b_r_ _m_s   v_rd_s

3 c_nt_m_n_c_ _n   D_b_r_ _m_s   r_d_c_r   l_

4 D_b_r_ _m_s   p_bl_c_   m_s   _l   tr_nsp_rt_   _s_r

5 N_   t_r_r   d_b_r_ _m_s   b_s_r_   _ _ _ l o   _l

6 p_p_l   D_b_r_ _m_s   y   r_c_cl_r   v_dr_ _

3 ***Copy out the form and fill it in in English.***

Professions: novelist and ________
Nationality: ________
Where he has lived: ________
Title of 1967 novel: ________
Year of Nobel Prize for Literature: ________
Literary style: ________

Gabriel García Márquez nació en Arataca, Colombia, en 1928.

Estudió derecho en la universidad pero abandonó sus estudios para trabajar como periodista. Vivió en Roma, París, Barcelona, Nueva York, Ciudad de México y Caracas.

En 1967 publicó su novela más famosa: *Cien años de soledad*. Otra novela importante es: *Crónica de una muerte anunciada* (1981). En 1982 ganó el premio Nóbel de Literatura.

Su estilo es el realismo mágico: mezcla la magia con la realidad.

Escena de *Cien años de soledad*

1 Read the conversation, then put the topics into the order of the text.

María ¿Ya fuiste a Hispanoamérica, Carlos?
Carlos Sí, muchas veces. Me encanta América Central, pero nunca fui a México y todavía no visité América del sur. Hay tantas cosas para ver allá …
María ¿Por ejemplo?
Carlos Bueno, hay mucha diversidad. Ríos y desierto … Hay zonas muy fértiles donde se cultivan café y cacao y también hay selva con cientos de animales: anacondas, pirañas y pájaros exóticos. Es increíble.
María Hay muchas cosas que proceden de Sudamérica, ¿verdad?
Carlos Claro que sí: la patata, el maíz, el cacao, la caña de azúcar …
María ¡Qué interesante! Y allí se habla español e idiomas nativos como el quechua o el náhuatl … Hay mucho turismo, ¿verdad?
Carlos Sí, por supuesto. En México y en Costa Rica hay playas estupendas. En Argentina, en Perú, en Chile … Lo malo es que hay muchos turistas …
María Me gustaría viajar más, Carlos.
Carlos A mí también me gustaría … A mí también.

- los animales
- los productos
- el turismo
- la geografía
- los idiomas

2 Read the conversation again and decide whether these statements are true (T), false (F) or not mentioned (NM).

Example: **1** F

1 Carlos fue a México.
2 A María le gustó Argentina.
3 En Sudamérica se habla español.
4 Es muy caro hacer turismo en Sudamérica.
5 Muchos turistas visitan Argentina, Perú y Chile.
6 A María no le gustaría viajar.

3 Write a letter about Latin America. Include the following details.

- *Say how many Spanish-speaking countries there are in Latin America.*
- *Mention some of the geographical features of the continent.*
- *Say last year you went to Mexico City.*
- *Say there's a lot of pollution but it's big and also interesting.*
- *Say it has 9 million inhabitants.*
- *Say you are going to go to Argentina next year.*
- *Say you would like to visit Buenos Aires.*

Te toca a ti A

1 ***Write out these conversations.***

Example: – ¿Necesitas algo?
– A ver … necesito un cepillo de dientes y pasta de dientes … y ¿puedo llamar a casa

2 ***Read the letter and answer the questions in English.***

Whitley Bay, el quince de julio

¡Querida Lola!

Me presento. Tengo catorce años. Vivo en Whitley Bay con mi madre, mi padre, mi hermana y mis dos perros. Whitley Bay está en el norte de Inglaterra.

Hablo inglés y estudio español y francés en el instituto.

Durante tu visita, vamos a hacer muchas cosas. Newcastle tiene muchos monumentos interesantes. Hay museos y un castillo y se puede ir de compras también.

Vamos a ir al cine y a la playa. Se puede hacer surf. También, vamos a ver un partido de fútbol de Newcastle United – el mejor equipo del mundo.

¡Tengo mucha ganas de conocerte!
Hasta pronto,

Mandy

1. How old is Mandy?
2. Who does Mandy live with?
3. Where is Whitley Bay?
4. Which languages is Mandy studying?
5. What is there to do in Newcastle?
6. What are they going to do during Lola's visit?
7. What can you do on the beach?
8. What does Mandy say about Newcastle United?

3 ***Write a letter to a penfriend using Mandy's letter as a model.***

Scarborough
coast
visit York
castle
museums
beach
cinema

1 Put this conversation in the correct order.

Example: c – Te presento a mi madre.

2 Write out the sentences correctly. Are they about the past, present or future? Or are they in the conditional?

1. AyerfuiaBarcelonaconmimadreymihermana.
2. EltrenllegóalasonceehicimosturismoenelBarrioGótico.
3. VilasRamblasyelmonumentoaColón.
4. MañanavamosaverunpartidodefútbolenelCampNou.
5. NormalmentenoveopartidosdefútbolperoelBarçaesunequipomuybueno.
6. MástardevamosacomeralgoenlaBarceloneta.
7. DeberíamosiralaVillaOlímpica.
8. Megustaríairalacuario.

escribir 3 Describe your visit to Mundaka beach and your plans for the next day. Include the following details:

- *Say what you did.*

- *Give opinions.*
- *Say that normally you don't like playing football, but it was really good fun on the beach.*
- *Say what you are going to do tomorrow.*

- *Say you would like to go to Vitoria too. Give a reason.*

Gramática

Glossary of grammar terms

adjective
a word describing a noun (*divertido* – entertaining)

connective
a joining word (*pero* – but, *porque* – because)

demonstrative adjective
an adjective used to point out a noun (***esta*** *camiseta* – **this** T-shirt)

definite article
the word for 'the' *(el/la/los/las)*

infinitive
the dictionary form of a verb, ending in **-ar**, **-er** or **-ir** in Spanish (*escuchar* – to listen, *leer* – to read, *vivir* – to live, *ser* – to be)

indefinite article
the word for 'a' *(un/una)* or 'some' *(unos/unas)*

gender
whether a word is masculine or feminine (*un bocadillo* – m, *una pizza* – f)

noun
a word naming a person or thing (*amigo* – friend)

preposition
a word or phrase showing the relationship of one thing to another (*debajo de* – under) or showing possession (*de* – of, 's)

preterite
the simple past tense, used to refer to an action or event in the past (*salí con mis amigos* – I went out with my friends)

pronoun
a word that stands for a noun (*yo* – I, *ella* – she, *los* – them)

possessive adjective
an adjective showing who something belongs to (*mi* – my, *tu* – your, *su* – his/her)

qualifier
a word that makes a description more specific (*muy* – very)

reflexive verb
a verb that includes a pronoun referring back to the subject (***me*** *ducho* – I shower (myself))

tense
a verb form showing when an action takes place (***voy*** *a la piscina* – now/normally: present tense, ***fui*** *a al piscina* – in the past: preterite, ***voy a ir*** *a la piscina* – in the future: near future tense)

verb
a word that refers to an action or event (*como* – I eat, *llueve* – it rains); it can also refer to an ongoing state (***es*** *guapo* – he **is** good-looking); **regular verbs** follow the patterns of one of the three verb groups (***-ar/-er/-ir***), but **irregular verbs** don't

1 Nouns and articles

A noun is a word that names a person or thing. In Spanish all nouns have a **gender**: masculine or feminine. Nouns ending in **-o** are usually masculine (e.g. **estómago**); nouns ending in **-a** are usually feminine (e.g. **cabeza**). For other nouns, you need to learn the gender when you learn the word: **el café** (masculine), **la leche** (feminine).

How nouns change in the plural:

ends in a vowel	add **-s**	libro**s** *books*
ends in a consonant	add **-es**	móvil**es** *mobile phones*
ends in **-z**	change **z** to **c** and add **-es**	lápi~~z~~**ces** *pencils*

The indefinite article ('a', 'some') and the definite article ('the') take a different form according to whether the noun is masculine or feminine, singular or plural.

	Singular	**Plural**
	indefinite article: *a, some*	
masculine	**un** libro	**unos** libros
feminine	**una** mochila	**unas** mochilas
	definite article: *the*	
masculine	**el** ordenador	**los** ordenadores
feminine	**la** ventana	**las** ventanas

2 Pronouns

A pronoun takes the place of a noun:
Jenny ➞ she the game ➞ it

2.1 Subject pronouns

Spanish has words for 'I', 'you', 'he', 'she', etc., but generally they are not used with verbs: the verb on its own is enough. However, you do need to be able to recognise them.

yo *I*
tú *you (singular, familiar)*
usted *you (singular, formal)*
él *he*
ella *she*
nosotros/as *we (male/female)*
vosotros/as *you (plural, male/female)*
ellos/as *they (male/female)*

2.2 Direct object pronouns

Direct object pronouns in English include 'me', 'him', 'them'. They replace the object of the verb: He bought **the computer**. ➞ He bought **it**.

In Spanish, object pronouns usually come in front of the verb. The words for 'it' and 'them' change according to whether the object they are replacing is masculine or feminine:

	Singular *(it)*	**Plural** *(them)*
masculine	lo	los
feminine	la	las

Me gusta **el queso**. **Lo** como una vez a la semana.
¿Te gustan **las verduras**? Sí, **las** como siempre.

Exercise 1

Choose the correct form of the direct object pronoun to complete the answers. Then translate them into English.

1 ¿Te gusta el café?
Sí, lo bebo todos los días.
2 ¿Quieres las revistas?
Sí, ___ quiero, gracias.
3 ¿Descargas música?
Sí, ___ descargo de vez en cuando.
4 ¿Te gustan los caramelos?
No, no ___ como nunca.
5 ¿Bebes Coca-Cola?
No, no ___ bebo nunca.
6 ¿Sueles escuchar rap?
No, ¡___ odio!

2.3 Prepositional pronouns

Prepositional pronouns are used in Spanish with prepositions, e.g. **para** *(for)*, **a** *(to, as for)*.

mí *me*
ti *you (singular, familiar)*
usted *you (singular, formal)*
él *him, it*
ella *her, it*
nosotros/as *us*
vosotros/as *you (plural)*
ellos/as *them*

Para **mí** el deporte es guay. *For **me**, sport is cool.*
A **él** le gusta la pizza. *As for **him**, he likes pizza.*

Gramática

3 Adjectives

3.1 Agreement and position

Adjectives agree with the noun they describe.

ending in ...	Singular		Plural	
	masc.	**fem.**	**masc.**	**fem.**
-o or **-a**	divertid**o**	divertid**a**	divertid**os**	divertid**as**
-e	grande	grande	grande**s**	grande**s**
-or	hablador	hablador**a**	hablador**es**	hablador**as**
other consonant	fácil	fácil	fácil**es**	fácil**es**

Most adjectives follow the noun they describe:

Tiene los ojos **marrones**. *She has **brown** eyes.*

Nationalities

Nationalities are also adjectives, but those ending in a consonant follow a different pattern from the one shown above.

ending in ...	Singular	
	masculine	**feminine**
-o or **-a**	mexican**o**	mexican**a**
-e	estadounidense	estadounidense
consonant	escocés	escoces**a**

ending in ...	Plural	
	masculine	**feminine**
-o or **-a**	mexican**os**	mexican**as**
-e	estadounidense**s**	estadounidense**s**
consonant	escoces**es**	escoces**as**

Exercise 2

Describe Tomás's friends and relatives, using five different adjectives from the box for each and making them agree with the noun.

1 his fantastic French girlfriend: Mi novia es ...
2 his annoying Argentinian cousins: Mis primos son ...
3 his lovely Mexican aunts: Mis tías son ...

activo trabajador argentino
simpático francés tonto
perezoso hablador ruidoso
extrovertido inteligente mexicano

3.2 Comparatives

When you want to compare two things, you use the comparative form of the adjective:

más + adjective + **que** = *more ... than*
menos + adjective + **que** = *less ... than*

The adjective agrees with the noun it describes.

Las comedias son **más divertidas que** las películas de amor.
*Comedies are **funnier** (literally: **more funny**) **than** romantic films.*
Los dibujos animados son **menos interesantes que** las películas de guerra.
*Cartoons are **less interesting than** war films.*

Note the irregular forms:

Singular	Plural	English
mejor	mejores	*better*
peor	peores	*worse*

Exercise 3

Write a sentence comparing each pair of nouns below. Use the adjective suggested, putting it into the correct form.

1 programa de deporte/telediario *(more entertaining)*
El programa de deporte es más divertido que el telediario.
2 telenovela/serie de policías *(less exciting)*
3 programas de tele-realidad/concursos *(sillier)*
4 las películas de ciencia-ficción/dibujos animados *(better)*
5 música electrónica/jazz *(worse)*
6 geografía/español *(less interesting)*
7 matemáticas/inglés *(more difficult)*
8 películas de terror/películas románticas *(more boring)*

3.3 Superlatives

To say 'the biggest', 'the smallest', etc., you use the superlative form of the adjective:

el/la/los/las + **más/menos** + adjective

The adjective agrees with the noun it describes.

El profesor de diseño es **el más severo**.
*The art teacher is **the strictest**.*
Estas botas son **las menos prácticas**.
*These boots are **the least practical**.*

Note the irregular forms:

Singular	Plural	English
el/la mejor	los/las mejores	*the best*
el/la peor	los/las peores	*the worst*

Exercise 4
Unjumble the superlatives and then translate the sentences into English.

1 El señor Jones es **[jemroel]** profesor del instituto.
2 La señora Cooper es **[neosálamjv]**.
3 Mis amigas son **[sámdisalsaditrev]** de la clase.
4 ¡Sí, tu hermana es **[aradoaláshambl]**!
5 Son **[esolopres]** jugadores de fútbol.
6 El profesor de español es **[meenoslabdourri]**.
7 Mi novia Luz es **[pagauslamá]**.
8 Estos profesores son **[áámolssscotipanti]**.

3.4 Possessive and demonstrative adjectives

Possessive adjectives are the words for 'my', 'your', etc. They agree with the noun they describe.

	Singular	Plural
my	mi hermano/a	mi**s** hermano**s**/a**s**
your	tu hermano/a	tu**s** hermano**s**/a**s**
his/her/its	su hermano/a	su**s** hermano**s**/a**s**

Demonstrative adjectives are the words for 'this' and 'these'. They also agree with the noun they refer to.

Singular		Plural	
masculine	**feminine**	**masculine**	**feminine**
est**e** vestido	est**a** chaqueta	est**os** zapatos	est**as** botas

4 Verbs

4.1 The present tense

The present tense is used to talk about what usually happens (e.g. *I **go** to school every day*) or about how things are (e.g. *French lessons **are** very boring*). In Spanish, it can also be used to talk about what is happening now (e.g. *I **am doing** my homework*).

(a) regular verbs

	-ar verbs
	hablar – *to speak*
(yo – *I*)	habl**o**
(tú – *you*)	habl**as**
(él/ella – *he/she*)	habl**a**
(nosotros/as – *we*)	habl**amos**
(vosotros/as – *you*)	habl**áis**
(ellos/as – *they*)	habl**an**

	-er verbs	**-ir verbs**
	comer – *to eat*	**escribir** – *to write*
(yo – *I*)	com**o**	escrib**o**
(tú – *you*)	com**es**	escrib**es**
(él/ella – *he/she*)	com**e**	escrib**e**
(nosotros/as – *we*)	com**emos**	escrib**imos**
(vosotros/as – *you*)	com**éis**	escrib**ís**
(ellos/as – *they*)	com**en**	escrib**en**

Exercise 5
Write out the text, filling the gaps with the correct present-tense form of the regular **-ar** verb **tocar**.

¡A mi familia le encanta la música! Mi hermano Javier *toca* la guitarra. Mis hermanas Ana y Cintia ~~~ el violín. Mi madre ~~~ la flauta. Mis tíos ~~~ el triángulo. Mi hermano Jorge y yo ~~~ el piano. ¡Yo también ~~~ la trompeta! Y mi padre ~~~ el saxofón. ¿Y tú, ~~~ un instrumento?

Gramática

Exercise 6
Choose the correct verb form and write out each sentence. Then translate the sentences into English.

1 Mi hermano **bebo / bebe** Coca-Cola cinco veces al día.
2 Los niños **abre / abren** la ventana.
3 Mi amiga y yo **leemos / leéis** revistas en clase.
4 Soy perezoso pero **escribo / escribe** a mi primo una vez a la semana.
5 Rafa y yo **come / comemos** patatas fritas.
6 Para su cumpleaños Carlos **recibe / recibo** muchos regalos.
7 ¿Tus padres **vives / viven** en Inglaterra?
8 Estudio español pero no **aprendo / aprende** mucho.

(b) stem-changing verbs

Stem-changing verbs have a vowel change in the stem (the first part of the verb) in some of their forms. They are usually regular in their endings.

	jugar – *to play*	**querer** – *to want*
(yo)	j**ue**go	qu**ie**ro
(tú)	j**ue**gas	qu**ie**res
(él/ella)	j**ue**ga	qu**ie**re
(nosotros/as)	jugamos	queremos
(vosotros/as)	jugáis	queréis
(ellos/as)	j**ue**gan	qu**ie**ren

Other examples of stem-changing verbs:

ac**o**starse *(to go to bed)* → me ac**ue**sto *(I go to bed)*
desp**e**rtarse *(to wake up)* → me desp**ie**rto *(I wake up)*
d**o**rmir *(to sleep)* → d**ue**rmo *(I sleep)*
p**o**der *(to be able to, can)* → p**ue**do *(I can)*

For details of other stem-changing verbs, see the Verb tables in section **4.10**.

(c) irregular verbs

Some verbs are not regular in the present tense: they don't follow the usual patterns for **-ar**, **-er** or **-ir** verbs. You need to learn these irregular verbs by heart: details are given in the Verb tables in section **4.10**. Look for patterns within each verb and between different verbs that will help you learn them.

Some verbs are irregular in the 'I' form (the first person):

conocer *(to know a person/place)*	**conozco**
dar *(to give)*	**doy**
hacer *(to make/do)*	**hago**
poner *(to put)*	**pongo**
saber *(to know how to/a fact)*	**sé**
salir *(to go out)*	**salgo**
tener *(to have)*	**tengo***
traer *(to bring)*	**traigo**
venir *(to come)*	**vengo***
ver *(to see)*	**veo**

*__Tener__ and __venir__ are also stem-changing.

Exercise 7
Write out the text, filling the gaps with verbs from the box. (There are five verbs too many.)

¡Hola Daniel!
¿Qué tal? ¡Yo ___ bien! Me gustan mucho los fines de semana: ___ DVDs, escucho música, ___ con mis amigos. No ___ de canguro. ___ muy activa. Por eso mañana ___ a ir a la piscina. ¿Quieres venir? Ahora tengo que irme – ¡___ hambre!
¡Hasta luego! Ana x

tengo estoy conozco voy
hago sé veo salgo pongo
soy traigo doy

(d) reflexive verbs

Reflexive verbs describe an action which you do to yourself. To show this, they include a pronoun which means 'myself', 'yourself', etc., although this pronoun is not always translated, e.g. **me** ducho – *I shower* (literally: *I shower **myself***).

	ducharse – *to shower*	**despertarse** – *to wake up* (stem-changing)
(yo)	**me** ducho	**me** desp**ie**rto
(tú)	**te** duchas	**te** desp**ie**rtas
(él/ella)	**se** ducha	**se** desp**ie**rta
(nosotros/as)	**nos** duchamos	**nos** despertamos
(vosotros/as)	**os** ducháis	**os** despertáis
(ellos/as)	**se** duchan	**se** desp**ie**rtan

Exercise 8

Copy out the Spanish verbs with the correct English translations.

1	levantarse	**a**	*to get washed*
2	lavarse	**b**	*to wake up*
3	ducharse	**c**	*to go away*
4	despertarse	**d**	*to get up*
5	bañarse	**e**	*to have a shower*
6	irse	**f**	*to have a bath*

Exercise 9

Copy out the sentences, completing them with the correct form of the reflexive verb given in brackets. Then translate them into English.

1. ~~~ ~~~ a las siete. (levantarse – *I*)
2. Después de desayunar, ~~~ ~~~. (lavarse – *he*)
3. ¿~~~ ~~~? (ducharse – *you singular*)
4. Los domingos ~~~ ~~~ por la tarde. (despertarse – *we*)
5. '¿Prefieres ducharte?' 'No, ~~~ ~~~ todos los días.' (bañarse – *I*)
6. ~~~ ~~~ porque tiene que hacer de canguro. (irse – *she*)

ser/estar

In Spanish there are two verbs meaning *to be*: **ser** and **estar**.

Ser is used to refer to ongoing or permanent states:

Soy alto.	*I'm tall.*
El perro **es** negro.	*The dog is black.*
¿Cómo **eres**?	*What are you like?*

It is also used for telling the time:

¿Qué hora **es**?	*What time is it?*
Son las cuatro.	*It's 4 o'clock.*

Estar is used to refer to position and temporary conditions:

¿Dónde **está**?	*Where is it?*
¿Cómo **estás**?	*How are you?*
Estoy enfermo.	*I'm ill.*

4.2 The preterite

The preterite (or 'simple past tense') is used to talk about events in the past that are now finished.

Ayer **fui** de excursión.	*Yesterday I went on a trip.*
Saqué fotos.	*I took photos.*

(a) regular verbs

	-ar verbs	
	visit**ar** – *to visit*	
(yo)	visit**é**	*I visited*
(tú)	visit**aste**	*you visited (singular)*
(él/ella)	visit**ó**	*he/she visited*
(nosotros/as)	visit**amos**	*we visited*
(vosotros/as)	visit**asteis**	*you visited (plural)*
(ellos/as)	visit**aron**	*they visited*

A few **-ar** verbs have a spelling change in the 'I' form (the first person) before the **é** ending:
jugar → jug**u**é, navegar → naveg**u**é, sacar → sa**qu**é

This is so that the 'g' or 'k' sound in the infinitive stays the same when you add the **é**.

	-er verbs	**-ir verbs**
	comer – *to eat*	**salir** – *to go out*
(yo)	com**í**	sal**í**
(tú)	com**iste**	sal**iste**
(él/ella)	com**ió**	sal**ió**
(nosotros/as)	com**imos**	sal**imos**
(vosotros/as)	com**isteis**	sal**isteis**
(ellos/as)	com**ieron**	sal**ieron**

Exercise 10

Copy and complete the grid.

mandar –	**vender** – to sell	**abrir** –
(1)	vendí – *I sold*	**(9)**
(2)	**(5)**	abriste – *you opened (sing.)*
mandó – *he/she sent*	**(6)**	**(10)**
(3)	**(7)**	abrimos – *we opened*
(4)	vendisteis – *you sold (pl.)*	**(11)**
mandaron – *they sent*	**(8)**	**(12)**

(b) irregular verbs

The verbs **ir** *(to go)* and **ser** *(to be)* are irregular in the preterite. They share the same forms, but the context makes it clear which verb is meant.

	ir – *to go*	
(yo)	fui	*I went*
(tú)	fuiste	*you went (singular)*
(él/ella)	fue	*he/she went*
(nosotros/as)	fuimos	*we went*
(vosotros/as)	fuisteis	*you went (plural)*
(ellos/as)	fueron	*they went*

	ser – *to be*	
(yo)	fui	*I was*
(tú)	fuiste	*you were (singular)*
(él/ella)	fue	*he/she was*
(nosotros/as)	fuimos	*we were*
(vosotros/as)	fuisteis	*you were (plural)*
(ellos/as)	fueron	*they were*

For details of other verbs that are irregular in the preterite, see the Verb tables in section **4.10**.

Exercise 11

Translate the sentences into English, using the context to work out whether each verb is from **ir** *(to go)* or **ser** *(to be)*.

1 Fuimos a un restaurante con mis padres.
We went to a restaurant with my parents.
2 Fue muy interesante.
3 ¡Fuimos a Madrid! Fue genial.
4 Después fui a un concierto de rock.
5 Fueron de compras a la FNAC.
6 Teo fue al restaurante pero fue horrible.

Exercise 12

Rewrite the sentences changing them from the present to the preterite tense.

1 Escribo correos.
2 Va al cine.
3 Descargamos música.
4 Compra regalos.
5 Después voy a la piscina.
6 ¿Chateas por internet?

4.3 The near future tense

The near future tense is used to talk about what you are *going to* do. It is formed as follows:

present tense of **ir** + **a** + a verb in the infinitive. (See section **4.10** for the present tense of **ir**.)

Mañana **voy a ir** al cine.
Tomorrow I'm going to go to the cinema.
Vamos a ver una comedia.
We're going to see a comedy.

Exercise 13

Rewrite each sentence in the correct order and translate it into English.

1 negros pantalones a unos llevar voy
Voy a llevar unos pantalones negros.
I'm going to wear black trousers.
2 por a chatear tarde internet va por la
3 hacer voy a mañana deberes mis
4 ¿ vas a al tu cine con hermana ir ?
5 a ocho a las salir vamos
6 a divertido ser va muy

4.4 The future tense

The future tense is used to talk about what you *will* do.

	ser – *to be*	
(yo)	ser**é**	*I will be*
(tú)	ser**ás**	*you will be (singular)*
(él/ella)	ser**á**	*he/she will be*
(nosotros/as)	ser**emos**	*we will be*
(vosotros/as)	ser**éis**	*you will be (plural)*
(ellos/as)	ser**án**	*they will be*

These endings are added to the 'future stem', which for most verbs is the infinitive. Some verbs have an irregular future stem, e.g.

decir **dir**é – *I will say*
hacer **har**é – *I will make/do*
poder **podr**é – *I will be able*
querer **querr**é – *I will want*
saber **sabr**é – *I will know*
salir **saldr**é – *I will go out*
tener **tendr**é – *I will have*
venir **vendr**é – *I will come*

The future stems are highlighted in the future column of the Verb tables in section **4.10**.

Exercise 14

Copy and complete the grid.

they will want	querrán
he will go	**(1)**
(2)	saldrán
I will make	**(3)**
(4)	podréis
we will write	**(5)**
(6)	tendrás
they will eat	**(7)**
(8)	será

4.5 The conditional

The conditional is used to talk about what you *would* do. It is formed with the future stem plus the endings below. The future stems are highlighted in the future column of the Verb tables in section **4.10**.

	ser – *to be*	
(yo)	ser**ía**	*I would be*
(tú)	ser**ías**	*you would be (singular)*
(él/ella)	ser**ía**	*he/she would be*
(nosotros/as)	ser**íamos**	*we would be*
(vosotros/as)	ser**íais**	*you would be (plural)*
(ellos/as)	ser**ían**	*they would be*

To talk about what people *should* do, use **deber** with the endings shown above.

4.6 Recognising and using different tenses

It's important to recognise which tense is being used in speech or texts, and to use the correct tenses in your own speaking and writing. Look for key time expressions to help you.

+ present tense	**+ near future tense**	**+ preterite**
normalmente voy … *normally I go …*	**mañana** voy a ir … *tomorrow I'm going to go …*	**ayer** fui … *yesterday I went …*
generalmente juego … *usually I play …*	**pasado mañana** voy a jugar … *the day after tomorrow I'm going to play …*	**anteayer** jugué … *the day before yesterday I played …*
todos los días llevo … *every day I wear …*	**la próxima vez** voy a llevar … *next time I'm going to wear …*	**el fin de semana pasado** compré … *last weekend I bought …*
los fines de semana escucho … *at weekends I listen to …*	**este fin de semana** voy a ver … *this weekend I'm going to watch …*	**el año pasado** monté … *last year I rode …*
		el invierno pasado descansé … *last winter I rested …*
		el verano pasado visité … *last summer I visited …*

Exercise 15

Copy out the grid. Write each verb in the correct column and translate it.

Infinitive	**Present tense**	**Near future tense**	**Preterite**
ser – to be	creo – I believe	voy a ir – I'm going to go	vivieron – they lived

ser voy a ir vivieron van a vender creo fuimos hizo ir vais a hablar
debemos miraste preferir preguntáis chatear comí recibes beber
abrir va a estudiar mandan vamos a ser vas a salir vi vive

Gramática

Exercise 16
Choose the verb in the correct tense and translate each sentence into English.

1 Generalmente mi hermana **descarga** / ~~**va a descargar**~~ música.
My sister usually downloads music.
2 Anteayer **vamos / fuimos** a la piscina.
3 Normalmente Pilar **va / va a ir** de compras.
4 Mañana no **salí / voy a salir** con Ana.
5 En las vacaciones siempre **hago / voy a hacer** mucho deporte.
6 El año pasado **voy / fui** a la playa.

4.7 Making verbs negative

To make a sentence or a question negative, put **no** before the verb.

No voy a ir al cine.
I'm not going to go to the cinema.
¿Qué **no** te gusta? *What don't you like?*

***nunca* (never)**
Nunca can be used either on its own before the verb, or in the pattern **no** + verb + **nunca**.

Nunca veo la tele.
No veo **nunca** la tele.
} *I never watch TV.*

***nada* (nothing, not at all)**
Nada is used in the pattern **no** + verb + **nada**.

No hago **nada**.
I don't do anything. (= I do nothing.)
No le gusta **nada** ir de compras.
He doesn't like going shopping at all.

4.8 *me gusta*, etc.

(a) *me gusta/me gustan* + noun
me gusta *(I like)* literally means *it is pleasing to me*. If you are talking about more than one thing, use **me gustan** (literally: *they are pleasing to me*).

Note that, when talking about likes/dislikes, you include the definite article with the noun.

Me gust**a el** telediario pero no me gust**an los** documentales.
I like the news but I don't like documentaries.

The pronoun **me** changes when you are talking about what 'you' and 'he/she' like.

	+ singular noun	**+ plural noun**
I like	**me gusta** la ópera	**me gustan** las películas
you like	**te gusta** el fútbol	**te gustan** los libros
he/she likes	**le gusta** la música	**le gustan** los cómics

To make it clear who you are talking about, add **a** + the person's name.

A Carmen le gusta la natación.

The expressions **me encanta** (*I love* – literally: *it delights me*) and **me interesa** (*I'm interested in* – literally: *it interests me*) follow the same patterns.

(b) *doler*
doler *(to hurt)* behaves in the same way as **gustar**. So **me duele** literally means *it is hurting me*. If more than one thing hurts, use **me duelen** (literally: *they are hurting me*).

Me duel**e** la cabeza. *My head hurts.*
Me duel**en** las piernas. *My legs hurt.*

	+ singular noun	**+ plural noun**
my … hurts	**me duele** la cabeza	**me duelen** los ojos
your … hurts	**te duele** el pie	**te duelen** los oídos
his/her … hurts	**le duele** la mano	**le duelen** las muelas

To ask someone if something hurts, use **¿Qué te duele?** for someone you know well or someone your own age and **¿Qué le duele?** for an adult.

Exercise 17
Choose the correct word and translate each sentence into English.

1 Me **duele / duelen** las piernas.
2 Me **gusta / gustan** el rock.
3 A Juan **me / le** duele la garganta.
4 Paz, ¿**te / le** gusta el insti?
5 Señor Celas, ¿qué **te / le** duele?
6 ¿Te **interesa / interesan** las películas de guerra?
7 Le **encanta / encantan** los serpientes.
8 Ayer fui a un restaurante. **Me / Le** gustó mucho.

4.9 Verbs with the infinitive

(a) modal verbs

Modal verbs are followed by an infinitive.

poder *(to be able to, can)*
querer *(to want to)*
deber *(to have to, must)*

Quiero ir a la discoteca pero no **puedo salir** porque **debo ordenar** mi dormitorio.
I want to go to the disco, but I can't go out because I have to tidy my room.

(b) Other structures

A range of other verbs and structures can be followed by an infinitive.

impersonal structures
se puede *(you can)*
se debe *(you must)*
hay que *(you must)*

verbs used to talk about likes/dislikes
me gusta *(I like)*
me gustaría *(I would like)*
me encanta *(I love)*
me interesa *(I am interested in)*
prefiero *(I prefer)*
odio *(I hate)*

the near future tense
voy a *(I'm going to)*

tener que
tengo que *(I have to)*

Exercise 18
Copy and complete the sentences and translate them into English.

1 Me gustaría ______ de compras.
2 Le interesa ______ al fútbol.
3 No se ______ usar el móvil en clase.
4 '¿Te gusta mandar correos?' 'No, ______ hablar por teléfono.'
5 Vamos ______ ir a la discoteca.
6 Debes ______ tus deberes.

4.10 Verb tables

(a) regular verbs

Infinitive			*Present*		*Preterite*		*Future*
-ar verbs **hablar** *(to speak)*	(yo) (tú) (él/ella)	(nosotros/as) (vosotros/as) (ellos/ellas)	habl**o** habl**as** habl**a**	habl**amos** habl**áis** habl**an**	habl**é** habl**aste** habl**ó**	habl**amos** habl**asteis** habl**aron**	**hablar**é
-er verbs **comer** *(to eat)*	(yo) (tú) (él/ella)	(nosotros/as) (vosotros/as) (ellos/ellas)	com**o** com**es** com**e**	com**emos** com**éis** com**en**	com**í** com**iste** com**ió**	com**imos** com**isteis** com**ieron**	**comer**é
-ir verbs **escribir** *(to write)*	(yo) (tú) (él/ella)	(nosotros/as) (vosotros/as) (ellos/ellas)	escrib**o** escrib**es** escrib**e**	escrib**imos** escrib**ís** escrib**en**	escrib**í** escrib**iste** escrib**ió**	escrib**imos** escrib**isteis** escrib**ieron**	**escribir**é
Reflexive verbs **levantarse**	(yo) (tú) (él/ella)	(nosotros/as) (vosotros/as) (ellos/ellas)	**me** levanto **te** levantas **se** levanta	**nos** levantamos **os** levantáis **se** levantan	**me** levanté **te** levantaste **se** levantó	**nos** levantamos **os** levantasteis **se** levantaron	**me levantar**é

(b) stem-changing verbs

Infinitive			*Present*		*Preterite*		*Future*
jugar *(to play)*	(yo)	(nosotros/as)	juego	jugamos	jugué	jugamos	jugaré
u → ue	(tú)	(vosotros/as)	juegas	jugáis	jugaste	jugasteis	
	(él/ella)	(ellos/ellas)	juega	juegan	jugó	jugaron	
poder *(to be*	(yo)	(nosotros/as)	puedo	podemos	pude	pudimos	podré
able)	(tú)	(vosotros/as)	puedes	podéis	pudiste	pudisteis	
o → ue	(él/ella)	(ellos/ellas)	puede	pueden	pudo	pudieron	
querer *(to want)*	(yo)	(nosotros/as)	quiero	queremos	quise	quisimos	querré
e → ie	(tú)	(vosotros/as)	quieres	queréis	quisiste	quisisteis	
	(él/ella)	(ellos/ellas)	quiere	quieren	quiso	quisieron	
pedir *(to ask)*	(yo)	(nosotros/as)	pido	pedimos	pedí	pedimos	pediré
e → i	(tú)	(vosotros/as)	pides	pedís	pediste	pedisteis	
	(él/ella)	(ellos/ellas)	pide	piden	pidió	pidieron	
sentir *(to feel)*	(yo)	(nosotros/as)	siento	sentimos	sentí	sentimos	sentiré
e → ie	(tú)	(vosotros/as)	sientes	sentís	sentiste	sentisteis	
	(él/ella)	(ellos/ellas)	siente	sienten	sintió	sintieron	

(c) key irregular verbs

Infinitive			*Present*		*Preterite*		*Future*
estar *(to be)*	(yo)	(nosotros/as)	estoy	estamos	estuve	estuvimos	estaré
	(tú)	(vosotros/as)	estás	estáis	estuviste	estuvisteis	
	(él/ella)	(ellos/ellas)	está	están	estuvo	estuvieron	
hacer *(to make,*	(yo)	(nosotros/as)	hago	hacemos	hice	hicimos	haré
to do)	(tú)	(vosotros/as)	haces	hacéis	hiciste	hicisteis	
	(él/ella)	(ellos/ellas)	hace	hacen	hizo	hicieron	
ir *(to go)*	(yo)	(nosotros/as)	voy	vamos	fui	fuimos	iré
	(tú)	(vosotros/as)	vas	vais	fuiste	fuisteis	
	(él/ella)	(ellos/ellas)	va	van	fue	fueron	
ser *(to be)*	(yo)	(nosotros/as)	soy	somos	fui	fuimos	seré
	(tú)	(vosotros/as)	eres	sois	fuiste	fuisteis	
	(él/ella)	(ellos/ellas)	es	son	fue	fueron	
tener *(to have)*	(yo)	(nosotros/as)	tengo	tenemos	tuve	tuvimos	tendré
	(tú)	(vosotros/as)	tienes	tenéis	tuviste	tuvisteis	
	(él/ella)	(ellos/ellas)	tiene	tienen	tuvo	tuvieron	

(d) other irregular verbs

Infinitive			*Present*		*Preterite*		*Future*
dar *(to give)*	(yo)	(nosotros/as)	doy	damos	di	dimos	daré
	(tú)	(vosotros/as)	das	dais	diste	disteis	
	(él/ella)	(ellos/ellas)	da	dan	dio	dieron	
decir *(to say)*	(yo)	(nosotros/as)	digo	decimos	dije	dijimos	diré
	(tú)	(vosotros/as)	dices	decís	dijiste	dijisteis	
	(él/ella)	(ellos/ellas)	dice	dicen	dijo	dijeron	
oír *(to hear)*	(yo)	(nosotros/as)	oigo	oímos	oí	oímos	oiré
	(tú)	(vosotros/as)	oyes	oís	oíste	oísteis	
	(él/ella)	(ellos/ellas)	oye	oyen	oyó	oyeron	
poner *(to put)*	(yo)	(nosotros/as)	pongo	ponemos	puse	pusimos	pondré
	(tú)	(vosotros/as)	pones	ponéis	pusiste	pusisteis	
	(él/ella)	(ellos/ellas)	pone	ponen	puso	pusieron	

Infinitive			Present		Preterite		Future
saber *(to know)*	(yo) (tú) (él/ella)	(nosotros/as) (vosotros/as) (ellos/ellas)	**sé** sabes sabe	sabemos sabéis saben	**supe** **sup**iste **supo**	**sup**imos **sup**isteis **sup**ieron	**sabr**é
salir *(to go out)*	(yo) (tú) (él/ella)	(nosotros/as) (vosotros/as) (ellos/ellas)	**salgo** sales sale	salimos salís salen	salí saliste salió	salimos salisteis salieron	**saldr**é
venir *(to come)*	(yo) (tú) (él/ella)	(nosotros/as) (vosotros/as) (ellos/ellas)	**vengo** v**ie**nes v**ie**ne	venimos venís v**ie**nen	**vine** **vin**iste **vino**	**vin**imos **vin**isteis **vin**ieron	**vendr**é
ver *(to see)*	(yo) (tú) (él/ella)	(nosotros/as) (vosotros/as) (ellos/ellas)	**veo** ves ve	vemos **veis** ven	**vi** viste **vio**	vimos visteis vieron	**ver**é

5 Prepositions

A preposition is a word or phrase showing the relationship of one thing to another, e.g. 'on top of', 'behind', 'after'.

a	*to*
a la derecha de	*to the right of*
a la izquierda de	*to the left of*
al final de	*at the end of*
al lado de	*beside*
de	*from, of*
debajo de	*under*
delante de	*in front of*
después de	*after*
detrás de	*behind*
en	*in, at*
encima de	*on (top of)*
entre … y	*between … and*
para	*for*

6 Questions

You can change some sentences into 'yes/no' questions by using rising intonation:

¿Llevas uniforme?

Other questions start with a question word. Question words always have an accent.

¿a qué hora?	*at what time?*
¿adónde?	*(to) where?*
¿cómo?	*how?, what … like?*
¿cuál?	*which one?*
¿cuáles?	*which ones?*
¿cuándo?	*when?*
¿cuánto/cuánta?	*how much?*
¿cuántos/cuántas?	*how many?*
¿dónde?	*where?*
¿por qué?	*why?*
¿qué?	*what?*
¿quién?	*who?*

Vocabulario español–inglés

A

a *to*
a diario *every day*
a menudo *often*
¿a qué hora? *what time?*
el abandono *abandonment*
la abogada *lawyer (f)*
el abogado *lawyer (m)*
abril *April*
la abuela *grandmother*
aburrido/a *boring*
¡qué aburrido! *how boring!*
la acción *action*
el aceite de oliva *olive oil*
acostarse *to go to bed, lie down*
las acrobacias *acrobatics*
la actitud *attitude*
activo/a *active*
el actor *actor*
la actriz *actress*
actuar *to act*
acuático/a *underwater, aquatic*
me acuesto *I go to bed*
además *what's more*
el adivino *fortune-teller*
adjuntar *to attach*
adquirir *to acquire*
adquiero *I acquire*
agosto *August*
el agricultor *farmer (m)*
la agricultora *farmer (f)*
el agua (f) *water*
ahora *now*
ahorrar *to save*
al aire libre *in the open air*
el ajedrez *chess*
alegre *lively*
el alemán *German (language)*
Alemania *Germany*
alguien *someone*
algún, alguno/a *some, a few*
el alimento *food*
el alpinismo *mountaineering*
alto/a *high*
la altura *height*
la alumna *pupil (f)*
el alumno *pupil (m)*
ambicioso/a *ambitious*
la amiga *friend (f)*
el amigo *friend (m)*
el amor *love*
el andén *platform*
el año escolar *school year*
el Año Nuevo *New Year*
el año pasado *last year*
el año que viene *next year*
anteayer *the day before yesterday*
antiguo/a *old, ancient*
antipático/a *unpleasant, nasty*
apagar *to switch off*
aparecer *to appear*
¿cómo te apellidas? *what's your surname?*
el apellido *surname*
no me apetece *I don't fancy it*
aprender *to learn*
¡qué aproveche! *enjoy your meal!*
el árbol de Navidad *Christmas tree*
el arroz *rice*
el arte *art*
las artes marciales *martial arts*
asado/a *roast*
asesinado/a *assassinated*
la asignatura *subject*
la aspiradora *vacuum cleaner*
la aspirina *aspirin*
atender *to wait (at table)*
el atletismo *athletics*
el aula (f) *classroom*
el aula (f) de informática *ICT room*
el aumento *increase*
auténtico/a *authentic, real*
el autorretrato *self-portrait*
el avión *plane*
ayer *yesterday*
ayudar *to help*
el azúcar *sugar*

B

el bachillerato *A-level equivalent*
el bailador *dancer (m)*
la bailadora *dancer (f)*
bailar *to dance*
la bailarina *dancer (f)*
el baile *dance*
bajar de peso *to lose weight*
bajo/a *low, short*
el baloncesto *basketball*
el baño *bathroom*
el barrio *suburb, district*
bastante *enough*
la basura *rubbish, litter*
beber *to drink*
bebí *I drank*
la bebida *drink*
bebo *I drink*
el belén *crib, Nativity scene*
el beneficio *benefit*
benigno/a *mild, benign*
la biblioteca *library*
bien *well, fine*
¡qué bien! *great!*
bienvenido/a *welcome*
bilingüe *bilingual*
el billete *ticket*
el billete de ida *single ticket*
el billete de ida y vuelta *return ticket*
blanco/a *white*
la boca *mouth*
la bolera *bowling alley*
el boletín de notas *(school) report*
la bolsa (de plástico) *(plastic) bag*
bomba *fantastic*
bonito/a *nice*
la botella *bottle*
el brazo *arm*
bruto/a *net*
bueno/a *good*
el buscador de tesoros *treasure hunter*
buscar *to search/look for*

C

la cabalgata *procession, parade*
el caballo *horse*
la cabeza *head*
el cacao *cocoa*
cada *each*
el café *coffee*
la calidad *quality*
la calle *street*
caluroso/a *hot*
la cama *bed*
la camarera *waitress*
el camarero *waiter*
cambiar *to change*
caminar *to walk*
el camión *bus (L Am), lorry (Sp)*
la camiseta *T-shirt*
la caña de azúcar *sugar cane*
la cancha de tenis *tennis court*
cansado/a *tired*
el cantante *singer (m)*
la cantante *singer (f)*
cantar *to sing*
la cara *face*
el caramelo *sweet*
cargar *to charge (up)*
el Caribe *Caribbean*
la carne *meat*
el carro *car (L Am)*
la casa *house*
casarse *to get married*
la cascada *waterfall*
el casco viejo *old town*
casi *almost*
se casó con *he/she married*
el castellano *Castilian (Spanish)*
el catalán *Catalan (language)*
el catarro *cold*
el cementerio *cemetery*
cenar *to have dinner*
el centro *centre*
el cepillo de dientes *toothbrush*
la chabola *shack, hovel*
el champán *champagne*
el champú *shampoo*
chatear *to chat online*
la chica *girl*
el chicle *chewing gum*
el chico *boy*
el chiste *joke*
la ciencia-ficción *sci-fi*
las ciencias *science(s)*
el cigarrillo *cigarette*
el cine *cinema*
la cita *date*
la ciudad *city*
el clima *climate*

el club de fotografía *camera club*
la cocina *kitchen*
la cocinera *cook, chef (f)*
el cocinero *cook, chef (m)*
combatir *to combat*
la comedia *comedy*
el comedor *dining hall, dining room*
el comentario *notes, comments*
comer *to eat*
el comerciante *businessman*
la comerciante *businesswoman*
el comercio *business studies, trade*
el comercio justo *fair trade*
comí *I ate*
la comida *food*
la comida basura *junk food*
la comida rápida *fast food*
comieron *they ate*
la comisaría *police station*
¿cómo? *what?, how?*
cómodo/a *comfortable*
completo/a *full (time)*
comprar *to buy*
compré *I bought*
compro *I buy*
la computadora *computer (L Am)*
las comunidades autónomas *autonomous regions (of Spain)*
con *with*
el concierto *concert*
el concurso *game show*
conducir *to drive*
el conductor *driver (m)*
la conductora *driver (f)*
conduzco *I drive*
conocer *to know (a person or place)*
el consejo *advice*
el consumidor *consumer*
consumir *to consume*
el consumo *consumption*
la contaminación *pollution*
contraer *to contract, get*
contrajo *he/she/it contracted, got*
el contrato *contract*
convertirse en *to become*
se convirtió en *he/she became*
el coro *choir*
corregir *to correct*
correr *to run*
la cosa *thing*
la costa *coast*
la creatividad *creativity*
creativo/a *creative*
la crema *cream*
la crítica *critics*
cruzar *to cross*
¿cuál(es)? *which?, what?*
cualificado/a *qualified*
cuando *when*
¿cuándo? *when?*
¿cuánto/a? *how much?, how many?*
el cuarto de baño *bathroom*
el cuerpo *body*
¡cuidado! *be careful!*
el cuidador de animales *zookeeper*
cuidar de *to care for, look after*
cultivar *to cultivate, grow*

D

da igual *it doesn't matter*
dar comida *to feed (animals)*
se debe *you must*
deber *to have to, must*
los deberes *homework*
deberíamos *we should*
deberías *you (sing.) should*
debes *you (sing.) must*
debo *I must*
decir *to say*
decorar *to decorate*
el dedo *finger*
deficiente *poor*
dejar *to leave*
delgado/a *thin, slim*
demasiado *too, too much*
demasiado/a *too much*
demostrable *proven*
el dentista *dentist (m)*
la dentista *dentist (f)*
el deporte *sport*
la derecha *right*
se deriva de *it comes from*
desafinar *to sing out of tune*
desaparecer *to disappear*
desarrollado/a *developed*
el desarrollo *development*
desayunar *to have breakfast*
descargar *to download*
descargué *I downloaded*
la descripción *description*
desde *since*
desde hace *for (time)*
¿desde hace cuánto tiempo? *for how long?*
el desierto *desert*
el despacho *office*
después *afterwards*
después de *after …ing*
el destino *destination*
determinado/a *determined*
el día *day*
la diarrea *diarrhoea*
el dibujante *artist*
el dibujo *art, drawing*
el dibujo animado *cartoon, animated film*
diciembre *December*
los dientes *teeth*
la dieta *diet*
difícil *difficult*
dime *tell me*
dinámico/a *dynamic*
el dinero *money*
la dirección *address*
directo/a *direct*
dirigir *to direct, manage*
el diseñador *designer (m)*
la diseñadora *designer (f)*
el diseño *design*
disfrutar *to enjoy*
disponible *available*
distinguido/a *distinguished*
divertido/a *entertaining, fun*
el documental *documentary*
el domador de leones *lion tamer*
el domingo *Sunday*
donde *where*
¿dónde? *where?*
dormí *I slept*
dormir *to sleep*
el dormitorio *bedroom*
las drogas *drugs*
ducharse *to have a shower*
me ducho *I shower*
me duele *my … hurts*
duermo *I sleep*
dulce *sweet*
la duración *term (period of time)*
durante *during*

E

e *and (before 'i' or 'hi')*
el edificio *building*
la educación física *PE*
educativo/a *educational*
el ejercicio *exercise*
eliminar *to eliminate*
emocionante *exciting, moving*
empezar *to begin*
empezó *he/she started*
empiezas *you (sing.) start*
empiezo *I start*
el empleado *employee*
la empresa *business*
en *in, at, by*
me encanta(n) *I love*
encantado/a *delighted (to meet you)*
encontrar *to find*
no me encuentro bien *I don't feel well*
la energía *energy*
enero *January*
enfadarse *to get angry*
se enfadó *he/she got angry*
la enfermedad *illness*
la enfermera *nurse (f)*
el enfermero *nurse (m)*
enfermo/a *ill*
enfrente (de) *opposite*
enorme *huge*
enseñar *to teach*
el entorno *environment, surroundings*
el entrenador *trainer*
entrenar *to train*
equilibrado/a *balanced*
el equipo *team*
era *he/she/it was*

es *he/she/it is*
escribir *to write*
escribir un correo *to send an email*
escribo *I write*
el escritor *writer (m)*
la escritora *writer (f)*
escuchamos *we listen, we listened*
escuchar *to listen*
escucharon *they listened*
escuché *I listened*
la escuela *school*
el espacio verde *green space*
la espalda *back*
España *Spain*
el español *Spanish (language)*
español(a) *Spanish*
esperar *to wait*
está *he/she/it is*
estable *stable*
la estación *station*
los Estados Unidos *USA*
estáis *you (plural) are*
estamos *we are*
están *they are*
estar *to be*
estar de acuerdo *to agree*
estás *you (sing.) are*
este/a *this*
el este *east*
el estilo *style*
estimado señor *dear sir*
el estómago *stomach*
estos/as *these*
estoy *I am*
el estudiante *student (m)*
la estudiante *student (f)*
estudiar *to study*
estupendo/a *fantastic*
el euskera *Basque (language)*
la excursión *outing*
la exposición *exhibition*

F

la fábrica *factory*
fácil *easy*
la falda *skirt*
el famoso *celebrity*
famoso/a *famous*
el fantasma *ghost*
fatal *terrible*
favorito/a *favourite*
febrero *February*
la fecha (de nacimiento) *date (of birth)*
la fiebre *temperature, fever*
el fin de semana *weekend*
la flauta *flute*
el foro *forum (internet)*
el francés *French (language)*
frecuentemente *frequently*
frente a *opposite, in front of*
el frigorífico *fridge*
la frontera *border*
la fruta *fruit*
fue *he/she/it was, went*
los fuegos artificiales *fireworks*
fuerte *strong*
fui *I was, went*
fuimos *we were, went*
fumar *to smoke*
fumé *I smoked*
el fundador *founder*
el fútbol *football*
el futbolista *footballer*
el futuro *future*

G

la galleta *biscuit*
ganar *to win*
tener ganas de *to want to*
la garganta *throat*
gastar *to spend (money)*
genial *great*
la gente *people*
la geografía *geography*
el gimnasio *gym*
grabar *to record*
las grasas saturadas *saturated fats*
grasiento/a *fatty, greasy*
la gravedad cero *zero gravity*
la gripe *flu*
guapo/a *good-looking, attractive*
guay *cool, great*
la guerra *war*
me gusta(n) *I like*
me gustaría *I'd like to*
me gustó *I liked*
mucho gusto *pleased to meet you*

H

la habitación *room*
el habitante *inhabitant*
habitual *usual*
hablador(a) *talkative*
hablar *to speak*
hace *he/she/it does, makes*
hace (dos años) *(two years) ago*
hace calor *it's hot*
hacer *to do, make*
hago *I do, make*
hago de canguro *I babysit*
hasta pronto *see you soon*
hay *there is/are*
hay que *you have to*
la hermana *sister*
el hermano *brother*
el héroe *hero*
hice *I did*
los hidratos de carbono *carbohydrates*
la hipocresía *hypocrisy*
la historia *history*
hizo *he/she/it did*
¡hola! *hello*
el hombre *man*
la hora de comer *lunch hour*
el horario *timetable, hours*
los horarios laborales *working hours*
¡qué horror! *how awful!*
hoy *today*
el huevo *egg*
los huevos de Pascua *Easter eggs*
húmedo/a *humid*

I

de ida *single (ticket)*
de ida y vuelta *return (ticket)*
el idioma *language*
importante *important*
imprescindible *essential*
el incienso *(frank)incense*
indefinido/a *permanent (contract)*
independiente *independent*
infantil *children's*
la informática *ICT*
informativo/a *informative*
la ingeniera *engineer (f)*
el ingeniero *engineer (m)*
el inglés *English (language)*
las instalaciones *facilities*
instalarse *to settle*
el insti *school (slang)*
el instituto *school*
insuficiente *unsatisfactory*
inteligente *intelligent*
el intercambio *exchange*
me interesa(n) *I'm interested in*
interesante *interesting*
el invierno *winter*
ir *to go*
ir de compras *to go shopping*
irse *to go away*
la izquierda *left*

el jabón *soap*
japonés/japonesa *Japanese*
el jarabe *syrup*
el jardín *garden*
la jornada laboral *working day*
joven *young*
las joyas *jewellery*
juego *I play (sport, game)*
el juego *game*
el jueves *Thursday*
el jugador *player*
jugar a *to play (sport, game)*
jugué *I played*
julio *July*
junio *June*
justo/a *fair*

L

el laboratorio de ciencias *science lab*

largo/a *long*
¡qué lástima! *what a pity!*
la lata *(food/drink) can*
lavar *to wash*
lavarse *to wash (yourself), get washed*
lavarse los dientes *to brush your teeth*
me lavo *I wash*
la leche *milk*
leer *to read*
leo *I read*
el león *lion*
levantarse *to get up*
me levanto *I get up*
el libro *book*
limpiar *to clean*
lindo/a *nice (L Am)*
llamarse *to be called*
¿cómo te llamas? *what's your (first) name?*
me llamo *my name is*
la llanura *plain*
la llegada *arrival*
llegar *to arrive*
llegar a tiempo *to arrive on time*
llegué *I arrived*
llevar *to wear*
la lluvia *rain*
loco/a (por) *mad (about)*
luego *then*
el lugar *place*
el lunes *Monday*

M

la madrastra *stepmother*
la madrugada *dawn*
el mago *magician*
malgastar *to waste*
malo/a *bad*
malsano/a *unhealthy*
mañana *tomorrow*
mandar (correos) *to send (emails)*
la mano *hand*
el maquillaje *make-up*
de maravilla *wonderfully*
marcar (un gol) *to score (a goal)*
marqué *I scored*
el martes *Tuesday*
marzo *March*
más *more*
más que *more than*
matar *to kill*
las matemáticas *maths*
mayo *May*
la mayoría *majority*
la médica *doctor (f)*
el médico *doctor (m)*
el medio ambiente *environment*
en medio de *in the middle*
mediterráneo/a *Mediterranean*
mejor *better*
el/la mejor *the best*
menos *less*
menos que *less than*
merecer *to deserve*
la mesa *table*
mezclar *to mix, combine*
mi(s) *my*
tengo miedo *I'm scared*
¡qué miedo! *how frightening*
el miércoles *Wednesday*
mínimo/a *minimum*
la mirra *myrrh*
la moda *fashion*
la montaña *mountain*
morir *to die*
mortal *deadly, life-threatening*
la moto *motorbike*
el móvil *mobile*
muchísimo *an awful lot*
mucho *a lot*
mucho/a *a lot of*
las muelas *teeth*
la mujer *woman*
el muralista *mural painter*
murió *he/she died*
el músculo *muscle*
el museo *museum*
la música *music*
muy *very*

N

nacer *to be born*
nació *he/she was born*
la nacionalidad *nationality*
nada *nothing*
la nariz *nose*
la natación *swimming*
navegar (por internet) *to surf (the internet)*
la Navidad *Christmas*
necesitar *to need*
ninguna parte *nowhere*
el niño *child (m), boy*
el nivel *level*
no *no, not*
la noche *night*
la Nochebuena *Christmas Eve*
la Nochevieja *New Year's Eve*
el nombre *first name*
la norma *rule*
normalmente *normally*
el norte *north*
la nota *mark*
notable *very good*
noviembre *November*
nuestro/a *our*
nunca *never*

O

o *or*
la obesidad *obesity*
octubre *October*
odio *I hate*
el oeste *west*
la oferta *offer (job)*
la oficina *office*
el oído *ear*
¡ojalá que sí! *let's hope so!*
el ojo *eye*
no olvides *don't forget*
el ordenador *computer*
organizado/a *organised*
el oro *gold*
la orquesta *orchestra*
el otoño *autumn*
otro/a *other*

P

paciente *patient*
el padrastro *stepfather*
los padres *parents*
pagar *to pay*
el país *country*
el País Vasco *the Basque Country*
el pan *bread*
los pantalones *trousers*
el papel *paper*
para *in order to, for*
parar *to stop*
el parque *park*
a partir de *from*
pasado/a *last*
pasar *to spend (time)*
la Pascua *Easter*
lo pasé … *I had a … time*
pasear *to walk*
el pasillo *corridor*
la pasta de dientes *toothpaste*
el pastel *cake*
la pastelería *baker's, cake shop*
la pastilla *tablet*
las patatas fritas *chips*
el patio *playground*
el pavo *turkey*
pedir *to ask for*
la peli *film (slang)*
la película *film*
la película del Oeste *Western*
¡qué pena! *what a nuisance!*
peor *worse*
pequeño/a *small*
perezoso/a *lazy*
el periódico *newspaper*
el periodista *journalist (m)*
la periodista *journalist (f)*
perjudicial *bad, harmful*
pero *but*
el perro *dog*
la pesadilla *nightmare*
el pescado *fish*
el petróleo *oil, petroleum*
la picadura *sting*
el pico *peak, mountain*
el pie *foot*
la pierna *leg*
el piloto de F1 *Formula 1 driver*
el pintor *painter (m)*
la pintora *painter (f)*
la piscina *swimming pool*

planchar *to iron*
el planeta *planet*
la plantación *plantation*
la playa *beach*
la plaza *square*
la población *population*
pobre *poor*
¡qué pobre! *poor thing!*
la pobreza *poverty*
un poco *a little*
poder *to be able to, can*
el policía *police officer (m)*
la policía *police officer (f)*
el polideportivo *sports centre*
el pollo *chicken*
poner *to put, lay*
poner en marcha *to get underway, start*
pongo *I put, lay*
por *for (on behalf of), by*
por eso *so, therefore, that's why*
por favor *please*
por la mañana *in the morning*
por la tarde *in the afternoon*
por lo menos *at least*
¿por qué? *why?*
por supuesto *of course*
por último *finally*
porque *because*
práctico/a *practical*
el precio *price*
precioso/a *wonderful, beautiful*
preferir *to prefer*
prefiero *I prefer*
la pregunta *question*
el premio *prize*
la prensa escrita *the press*
presentar *to introduce*
me presento *let me introduce myself*
prestar atención *to pay attention*
la primavera *spring*
primero/a *first*
principal *main*
principalmente *mainly*
privado/a *private*
probar *to try*
el problema *problem*
el producto verde *green product*
el profe *teacher (slang)*
el profesor *teacher (m)*
la profesora *teacher (f)*
el programa de deporte *sports show*
el programa de música *music show*
el programa de tele-realidad *reality show*
propio/a *own (adj)*
próximo/a *next*
¡prueba! *try!*
pude *I could*
el pudín de Navidad *Christmas pudding*
pudo *he/she/it could*
el pueblo *village*
puede *he/she/it can*
se puede *you can*
puedes *you (sing.) can*
puedo *I can*
el puente *bridge*
pues *well*
el puesto *job, position*
el pulmón *lung*

Q

que *which, that, who*
¿qué? *what?*
¿qué haces? *what do you (sing.) do?*
¿qué harás? *what will you (sing.) do?*
¿qué hay? *what is there?*
¿qué hiciste? *what did you (sing.) do?*
¿qué le pasa? *what's the matter? (formal)*
¿qué ponen? *what's on?*
¿qué tal? *how are you?*
¿qué te duele? *what hurts?*
¿qué te gustaría hacer? *what would you (sing.) like to do?*
¿qué te pasa? *what's the matter? (familiar)*
la quemadura de sol *sunburn*
querer *to want*
¡querido/a ...! *dear ...*
el queso *cheese*
quieres *you (sing.) want*
quiero *I want*
químico/a *chemical*
quise *I wanted*
quizás *perhaps*

R

un rato *a while*
la realidad virtual *virtual reality*
el recepcionista *receptionist (m)*
la recepcionista *receptionist (f)*
recibir *to receive*
reciclar *to recycle*
el recreo *break*
reducir *to reduce*
el refresco *fizzy drink*
regalar *to give (as a present)*
el regalo *present*
repartir *to deliver*
el representante *representative*
se requiere *it is required*
el requisito *requirement*
residente *resident*
respetar *to respect*
restringido/a *restricted*
el retrato *portrait*
la revista *magazine*
revolucionario/a *revolutionary*
los Reyes Magos *the Three Kings*
rico/a *delicious*
¡qué rico/a! *how delicious!*
el río *river*
¡riquísimo/a! *delicious!*
rodar *to shoot a film*
la rodilla *knee*
¡qué rollo! *what a bore!*
la ropa *clothes*
el roscón de Reyes *cake eaten at Epiphany*
el ruido *noise*

S

el sábado *Saturday*
saber *to know (a fact or how to do sthg)*
sacar fotos *to take photos*
la sala *room*
el salario *salary*
sale *he/she/it leaves, goes out*
salgo *I leave, go out*
salí *I went out*
la salida *exit*
salió *he/she/it left, went out*
salir *to leave, go out*
el salón *lounge*
el salón de actos *assembly hall*
el salón recreativo *amusement arcade*
el salto *leap, jump*
la salud *health*
le saluda atentamente *yours sincerely*
sano/a *healthy*
santo/a *holy*
saqué fotos *I took photos*
sé *I know*
el secador *hairdryer*
sedentario/a *sedentary*
el sello *stamp*
la selva *forest, jungle*
la semana *week*
el senderismo *hiking*
septiembre *September*
ser *to be*
seré *I will be*
la serie de policías *detective series*
serio/a *serious*
el serpiente *snake*
servir *to serve*
severo/a *strict*
me siento *I feel*
siguiente *following*
simpático/a *pleasant, nice*
sin embargo *however*
sobre *about*
sobresaliente *excellent*
soler *to usually (do something)*
solicitar *to ask for*
sólo *only*
solo/a *alone*
soltero/a *single (unmarried)*
son *they are*
soñar (con) *to dream (of)*
soñé con *I dreamt of*
soy *I'm (a)*
su(s) *his, her, its*

suave *soft, gentle*
sucio/a *dirty*
suelo *I usually*
el suelo *ground*
la suerte *luck*
¡mucha suerte! *good luck!*
suficiente *enough, satisfactory*
sufrir *to suffer*
la suma *total*
el sur *south*

T

el taller de teatro *drama club/ workshop*
también *also, as well*
la tarde *afternoon, evening*
el teatro *drama, theatre*
la tecnología *technology*
el telediario *news (on TV)*
el teléfono *telephone*
la telenovela *soap opera*
el televisor *television set*
temprano *early*
tendré *I will have*
tener *to have*
tener hambre *to be hungry*
tener hijos *to have children*
tener que *to have to*
tener sed *to be thirsty*
tengo *I have*
tengo … años *I'm years … old*
tengo sueño *I'm sleepy*
terminar *to finish*
la ternera *beef, veal*
la terraza *terrace*
terrestre *earth, ground (adj)*
el terror *horror*
el tiempo *weather, time*
el tiempo libre *free time*
la tienda *shop*
la tierra *earth, ground*
tímido/a *shy*
tinto *red (wine)*
típico/a *typical*
tirar *to throw*
la toalla *towel*
tocar *to play (an instrument)*
todavía *still*
todo/a *all, every*
todos los días *every day*
tomar *to take*
tonto/a *stupid*
¡qué tonto/a! *how stupid!*
la torera *bullfighter (f)*
la tos *cough*
trabajador(a) *hard-working*
trabajar *to work*
trabajo *I work*
trabajó *he/she worked*
el trabajo *job*
traducir *to translate*
traduzco *I translate*
el tráfico *traffic*
trágico/a *tragic*
el transporte público *public transport*
el trapecista *trapeze artist*
trata de *it's about*
¿de qué trata? *what is it about?*
tratar de *to be about*
el tren *train*
el tribunal *court*
se ha triplicado *it has tripled*
la trompeta *trumpet*
la tumba *tomb, grave*
tuve *I had*
tuviste *you (sing.) had*
tuvo *he/she/it had*

U

por último *finally, in the end*
el uniforme *uniform*
usar *to use*
útil *useful*
la uva *grape*

V

las vacaciones *holidays*
vale *OK*
valiente *brave*
valorar *to value, rate*
se valorarán *will be an advantage*
el vampiro *vampire*
los vaqueros *jeans*
la variedad *variety*
ve *he/she/it sees*
a veces *sometimes*
vemos *we see, watch*
vender *to sell*
veo *I see, watch*
ver *to see, watch*
a ver *let's see*
el verano *summer*
las verduras *vegetables*
¡qué vergüenza! *how embarrassing!*
vestirse *to get dressed*
una vez al día *once a day*
en vez de *instead of*
de vez en cuando *from time to time*
vi *I saw, watched*
viajar *to travel*
el viaje *journey*
la vida *life*
el vidrio *glass*
el viernes *Friday*
vino *he/she/it came*
el vino *wine*
vio *he/she/it saw, watched*
me visto *I get dressed*
vivir *to live*
vivo *I live*
el volcán *volcano*
el voleibol *volleyball*
volver *to return*
volvió *he/she returned*
tengo vómitos *I've been sick*
voy *I go*
la voz *voice*

Y

y *and*

Z

las zapatillas de deporte *trainers*
los zapatos *shoes*

Vocabulario inglés—español

A

to be able to *poder*
about *sobre*
afternoon *la tarde*
afterwards *después*
to agree *estar de acuerdo*
all *todo/a*
almost *casi*
alone *solo/a*
also *también*
I am *estoy, soy*
April *abril*
they are *están, son*
we are *estamos, somos*
you are (sing.) *estás, eres*
you are (plural) *estáis, sois*
arm *el brazo*
arrival *la llegada*
to arrive *llegar*
I arrived *llegué*
art *el dibujo*
to ask for *pedir*
aspirin *la aspirina*
at least *por lo menos*
attractive *guapo/a*
August *agosto*
autumn *el otoño*

B

back *la espalda*
bad *malo/a*
bathroom *el (cuarto de) baño*
to be *estar, ser*
because *porque*
bed *la cama*
bedroom *el dormitorio*
to begin *empezar*
better *mejor*
the best *el/la mejor*
body *el cuerpo*
book *el libro*
boring *aburrido/a*
bread *el pan*
break *el recreo*
brother *el hermano*
to brush your teeth *lavarse los dientes*
building *el edificio*
business studies *el comercio*
businessman/woman *el comerciante/la comerciante*
but *pero*
to buy *comprar*

C

to be called *llamarse*
he/she/it can *puede*
I can *puedo*
you can (sing.) *puedes*
cartoon *el dibujo animado*
to charge *cargar*
to chat online *chatear*
chess *el ajedrez*
chewing gum *el chicle*
chips *las patatas fritas*
choir *el coro*
cigarette *el cigarrillo*
cinema *el cine*
city *la ciudad*
classroom *el aula (f)*
to clean *limpiar*
clothes *la ropa*
coffee *el café*
cold *el catarro*
comedy *la comedia*
comfortable *cómodo/a*
computer *el ordenador*
concert *el concierto*
cook *el cocinero/la cocinera*
cool *guay*
cough *el tos*
he/she/it could *pudo*
I could *pude*
country *el país*

D

dance *el baile*
to dance *bailar*
date (of birth) *la fecha (de nacimiento)*
day *el día*
the day before yesterday *anteayer*
dear … *¡querido/a …!*
dear sir *estimado señor*
December *diciembre*
delicious *rico/a*
design *el diseño*
detective series *la serie de policías*
diarrhoea *la diarrea*
he/she/it did *hizo*
I did *hice*
diet *la dieta*
difficult *difícil*
dining hall/room *el comedor*
I do *hago*
to do *hacer*
doctor *el médico/la médica*
documentary *el documental*
he/she/it does *hace*
to download *descargar*
drama *el teatro*
drama club/workshop *el taller de teatro*
drink *la bebida*
to drink *beber*
drugs *las drogas*
during *durante*

E

each *cada*
ear *el oído*
early *temprano*
east *el este*
easy *fácil*
to eat *comer*
educational *educativo/a*
engineer *el ingeniero/la ingeniera*
English *el inglés*
enough *bastante*
entertaining *divertido/a*
environment *el medio ambiente*
evening *la tarde*
every *todo/a*
every day *todos los días*
exciting *emocionante*
exercise *el ejercicio*
exit *la salida*
eye *el ojo*

F

face *la cara*
facilities *las instalaciones*
fair *justo/a*
fair trade *el comercio justo*
famous *famoso/a*
fantastic *¡bomba!, estupendo/a*
fashion *la moda*
fast food *la comida rápida*
favourite *favorito/a*
February *febrero*
film *la película*
finally *por último*
to find *encontrar*
fine *bien*
finger *el dedo*
to finish *terminar*
first *primero/a*
first name *el nombre*
flu *la gripe*
food *el alimento, la comida*
foot *el pie*
for (on behalf of) *por*
for (time) *desde hace*
for how long? *¿desde hace cuánto tiempo?*
free time *el tiempo libre*
French *el francés*
Friday *el viernes*
friend *el amigo/la amiga*
from *a partir de*
from time to time *de vez en cuando*
fruit *la fruta*
fun *divertido/a*
future *el futuro*

G

game *el juego*
game show *el concurso*
garden *el jardín*
geography *la geografía*
German *el alemán*
to get dressed *vestirse*
to get married *casarse*
to get up *levantarse*
I go *voy*
to go *ir*
to go shopping *ir de compras*
to go to bed *acostarse*
good *bueno/a*
greasy *grasiento/a*
great *genial, guay, ¡qué bien!*
gym *el gimnasio*

H

I had *tuve*
you had (sing.) *tuviste*
hairdryer *el secador*
hand *la mano*
hard-working *trabajador(a)*
I have *tengo*
to have *tener*
to have a shower *ducharse*
to have breakfast *desayunar*
to have dinner *cenar*
to have to *tener que, deber*
head *la cabeza*
health *la salud*
healthy *sano/a*
to help *ayudar*
high *alto/a*
holidays *las vacaciones*
homework *los deberes*
house *la casa*
how? *¿cómo?*
how are you? *¿qué tal?*
how many? *¿cuántos/as?*
how much? *¿cuánto/a?*
to be hungry *tener hambre*
to hurt *doler*

I

ICT *la informática*
ill *enfermo/a*
illness *la enfermedad*
in *en*
instead of *en vez de*
to be introduced *presentarse*
he/she/it is *está, es*

J

January *enero*
jeans *los vaqueros*
job *el trabajo*
journalist *el periodista/la periodista*
journey *el viaje*
July *julio*
June *junio*
junk food *la comida basura*

K

kitchen *la cocina*
knee *la rodilla*
I know *sé*
to know (a fact or how to do sthg) *saber*
to know (a person or place) *conocer*

L

language *el idioma*
last *pasado/a*
lazy *perezoso/a*
to leave *dejar, salir*
left *la izquierda*
leg *la pierna*
less *menos*
let's see *a ver*
library *la biblioteca*
I like *me gusta(n)*
I'd like to *me gustaría*
to listen (to) *escuchar*
to look for *buscar*
a lot *mucho*
a lot of *mucho/a*
lounge *el salón*
luck *la suerte*
lunch hour *la hora de comer*

M

magazine *la revista*
to make *hacer*
make-up *el maquillaje*
March *marzo*
maths *las matemáticas*
May *mayo*
meat *la carne*
milk *la leche*
mobile *el móvil*
Monday *el lunes*
money *el dinero*
more *más*
mouth *la boca*
moving *emocionante*
museum *el museo*
music *la música*
music show *el programa de música*
I must *debo*
you must (sing.) *debes*
my *mi(s)*

N

my name is *me llamo*
nasty *antipático/a*
nationality *la nacionalidad*
never *nunca*
news (on TV) *el telediario*
newspaper *el periódico*
next *próximo/a*
next year *el año que viene*
nice *bonito/a, simpático/a*
night *la noche*
north *el norte*
nose *la nariz*
not *no*
nothing *nada*
November *noviembre*
now *ahora*
nowhere *ninguna parte*
nurse *el enfermero/la enfermera*

O

October *octubre*
of course *por supuesto*
office *el despacho, la oficina*
often *a menudo*
OK *vale*
old *antiguo/a*
once a day *una vez al día*
opposite *enfrente, frente a*
or *o*
organised *organizado/a*
other *otro/a*
our *nuestro/a*

P

parents *los padres*
patient *el paciente/la paciente*
to pay *pagar*
PE *la educación física*
people *la gente*
perhaps *quizás*
place *el lugar*
platform *el andén*
to play (a sport/game) *jugar a*
to play (an instrument) *tocar*
playground *el patio*
pleasant *simpático/a*
please *por favor*
pleased to meet you *mucho gusto*
poor *pobre*
practical *práctico/a*
to prefer *preferir*
present *el regalo*
price *el precio*
private *privado/a*
problem *el problema*
pupil *el alumno*
to put *poner*

Vocabulario inglés—español

R

rain *la lluvia*
to read *leer*
real *auténtico/a*
reality show *el programa de tele-realidad*
to recycle *reciclar*
to reduce *reducir*
return (ticket) *(el billete) de ida y vuelta*
right *la derecha*
room *la habitación, la sala*
rubbish *la basura*
rule *la norma*
to run *correr*

S

salary *el salario*
Saturday *el sábado*
to save (money) *ahorrar*
to say *decir*
school *la escuela, el instituto*
science lab *el laboratorio de ciencias*
science(s) *las ciencias*
sci-fi *la ciencia-ficción*
to see *ver*
see you soon *hasta pronto*
to sell *vender*
to send (emails) *mandar (correos)*
September *septiembre*
serious *serio/a*
I should *debería*
you should (sing.) *deberías*
shy *tímido/a*
to be sick *tener vómitos*
to sing *cantar*
singer *el cantante/la cantante*
single (ticket) *(el billete) de ida*
sister *la hermana*
to sleep *dormir*
small *pequeño/a*
soap *el jabón*
soap opera *la telenovela*
some *alguno/a*
someone *alguien*
sometimes *a veces*
south *el sur*
Spanish *el español*
to speak *hablar*
to spend (money) *gastar*
to spend (time) *pasar*
sport *el deporte*
sports show *el programa de deporte*
spring *la primavera*
station *la estación*
still *todavía*
sting *la picadura*
stomach *el estómago*
street *la calle*
strict *severo/a*
student *el estudiante/la estudiante*
to study *estudiar*
stupid *tonto/a*
subject *la asignatura*
summer *el verano*
sunburn *la quemadura de sol*
Sunday *el domingo*
to surf the internet *navegar por internet*
surname *el apellido*
swimming *la natación*
swimming pool *la piscina*
syrup *el jarabe*

T

tablet *la pastilla*
to take *tomar*
to take photos *sacar fotos*
talkative *hablador(a)*
teacher *el profesor/la profesora*
team *el equipo*
technology *la tecnología*
teeth *las muelas, los dientes*
telephone *el teléfono*
temperature *la fiebre*
that *que*
theatre *el teatro*
then *luego*
there is/are *hay*
these *estos/as*
to be thirsty *tener sed*
this *este/a*
throat *la garganta*
Thursday *el jueves*
ticket *el billete*
timetable *el horario*
tired *cansado/a*
to *a, para*
today *hoy*
tomorrow *mañana*
too much *demasiado/a*
toothbrush *el cepillo de dientes*
toothpaste *la pasta de dientes*
towel *la toalla*
train *el tren*
trainers *las zapatillas de deporte*
trousers *los pantalones*
T-shirt *la camiseta*
Tuesday *el martes*

U

unhealthy *malsano/a*
uniform *el uniforme*
unpleasant *antipático/a*
to use *usar*
useful *útil*
I usually (do something) *suelo*

V

vegetables *las verduras*
very *muy*
village *el pueblo*
voice *la voz*

W

waiter/waitress *el camarero/la camarera*
I want *quiero*
to want *querer*
you want (sing.) *quieres*
he/she/it was *fue*
I was *fui*
to wash *lavar(se)*
to watch *ver*
water *el agua (f)*
to wear *llevar*
weather *el tiempo*
Wednesday *el miércoles*
week *la semana*
weekend *el fin de semana*
well *pues*
he/she/it went *fue*
I went *fui*
west *el oeste*
what? *¿qué?*
what do you (sing.) do? *¿qué haces?*
what is there? *¿qué hay?*
what time? *¿a qué hora?*
what's on? *¿qué ponen?*
what's the matter? *¿qué te pasa?*
when *cuando*
when? *¿cuándo?*
where? *¿dónde?*
which? *¿cuál(es)?*
why? *¿por qué?*
to win *ganar*
winter *el invierno*
with *con*
wonderful *precioso/a*
to work *trabajar*
worse *peor*
the worst *el/la peor*
to write *escribir*

Y

yesterday *ayer*
young *joven*
yours sincerely *le saluda atentamente*